AF477214

Guillén de Castro

El Narciso
en su opinión

Barcelona **2024**
Linkgua-ediciones.com

Créditos

Título original: El Narciso en su opinión.

© 2024, Red ediciones S.L.

e-mail: info@linkgua-ediciones.com

Diseño de cubierta: Michel Mallard.

ISBN tapa dura: 978-84-1126-269-9.
ISBN rústica: 978-84-9816-251-6.
ISBN ebook: 978-84-9897-242-9.

Sumario

Brevísima presentación

La vida

Guillén de Castro (Valencia, 1569-Madrid, 1631). España.

Fue capitán de caballería, gobernador de Scigliano en Nápoles y en Madrid secretario del marqués de Peñafiel. Muy cercano a Lope de Vega, formó parte de la Academia de los nocturnos, la única academia que publicó en actas los poemas discutidos durante sus reuniones semanales y que radicó en Valencia entre 1591 y 1593. Murió en la pobreza y un tanto olvidado.

Además de El conde Alarcos, de tema caballeresco; escribió comedias inspiradas en obras de Cervantes, entre las que cabe citar: Don Quijote de la Mancha, El curioso impertinente y La fuerza de la sangre. También son dignas de mención El amor constante, tragedia familiar que justifica la muerte de los tiranos.

El teatro de Guillén de Castro se caracteriza por su técnica sobria y una hábil versificación, el drama psicológico y la complejidad emotiva.

Personajes

Don Gonzalo
Don Gutierre
Don Pedro
Doña Brianda
Doña Inés
Doña Mencía
Dos criados
El Marqués
Lucía, criada
Otro Paje
Tadeo, lacayo
Un Escudero
Un Paje

Jornada primera

(Salen Don Gutierre y Tadeo, lacayo.)

Gutierre   ¿Fue un paje con el recado
a mi hermana?

Tadeo   Bien, por Dios,
y a importar que fueran dos,
el otro fuera prestado,
  o fuera yo a la visita;
que soy, en talle y en traje,
siendo, entre lacayo y paje,
un criado hermafrodita.

Gutierre   Entre necio y mentecato
eres más.

Tadeo   No es maravilla.
Dame, dame esa ropilla;
¡qué bien me asienta el zapato!

Tadeo   Es famoso encubridor
de los juanetes lo romo.
¡Bella usanza!

Gutierre   Necio, y ¿cómo?
¿Téngolos yo?

Tadeo   No, señor;
tiéneslos como la palma.
(Aparte.)   (Y tiene, grandes y tiesos,
en los pies más sobrehuesos
que un mal casado en el alma.)

Gutierre   De molde vino el jubón,
bien está.

Tadeo   Lo mismo digo,
pues te hace hasta el ombligo
la barriga de algodón;
    que vuelva la usanza temo
de aquellos tiempos.

Gutierre   Así.
¿No está muy bien?

Tadeo   Señor, sí;
pero a ser con el extremo
    que algunos, dijera mal
—y no me hubiera engañado—
que el ver un hombre preñado
no es cosa muy natural.

Gutierre   Toma el espejo; extremado
está el cuello.

Tadeo   Y en ti puesto,
de manera está compuesto,
que más parece criado.

Gutierre   Baja más, ponle en el suelo;
bien el calzón acomodo
con la liga.

Tadeo   Canta todo.

Gutierre   ¡Oh Madrid, tierra del cielo,

y qué bien logrado es
en ti el talle y gentileza
que dio la naturaleza
de la cabeza a los pies!
    ¿Bien puesto el cabello va?

Tadeo (Aparte.)   En los cascos. (Así esté
lo que adentro no se ve
como lo que afuera está.)

    ¿Bueno está el bigote?

Tadeo   Bueno,
pero sobrado le cuesta
al que, como tú, se acuesta
como braquillo con freno.

Gutierre   Dame esa capa; el sombrero,
¿no es muy a la usanza?

Tadeo   Y es
flamante y del portugués.

Gutierre   Otra vez mirarme quiero.

Tadeo   Gustarás mucho de verte.

Gutierre   ¿No ves que cuando me veo
la medida del deseo,
me contenta con mi suerte?

Tadeo (Aparte.)   (Por los aires anda el seso.)
Solo tú estás bien con ella.

Gutierre   Tengo yo felice estrella.
                Recelo algún mal suceso,
                    si es verdad lo que se dice
                de aquel, ¿cómo se decía,
                que dio a la muerte más fría
                la vida más infelice;
                    pues que se mató bebiendo,
                y no menos que agua pura,
                perdido por su hermosura
                en la fuente.

Gutierre   Ya te entiendo
                Narciso. Dudoso estoy
                si esto es verdad.

Tadeo   Serlo puede.

Gutierre   Por lo que a mí me sucede,
                algún crédito le doy.

Tadeo   Luego, ¿impulsos has tenido
                de Narciso?

Gutierre   Y con razón,
                pues tengo tanta ocasión;
                pero soy más entendido.

Tadeo   Guardáraste de las fuentes
                con cuidado.

Gutierre   Al menos dejo
                muchas veces el espejo
                por huir de inconvenientes.

Tadeo (Aparte.)   (El hombre está rematado.)

     Y ¿sabrásme declarar
    cómo un hombre puede estar
    de sí mismo enamorado,
     y hecho de su fuego abismo,
    por sí mismo desvelarse,
    descomponerse, abrasarse
    y apetecerse a sí mismo?

Gutierre   Eso disparate fuera,
    pero al mirarme me holgara
    si una mujer alcanzara
    que en todo me pareciera.

Tadeo   ¿Aunque fuera tan barbada
    como tú?

Gutierre   Siendo mujer,
    ya se ve cuál ha de ser
    la que miro imaginada,
     por lo cual dije que dejo,
    no admitiendo la esperanza,
    de buscar mi semejanza,
    al cuidado y el espejo.
     Quita y pon.

Tadeo   ¿Hay tal locura?

Gutierre   ¿La cadenilla?

Tadeo   Aquí está.
    Ésta sí que llevará
    más ojos que tu hermosura.

Gutierre   Sin ella fuera bastante
               mi talle: mas dame pena
               verme el cuello sin cadena,
               y la mano sin diamante.

Tadeo   En eso tienes razón;
               que entre el hablar y el sentir,
               ese brillar y lucir
               grandes llamativos son.
                  Mas con brindis semejantes,
               mira que a dar te condenas
               cada día cien cadenas,
               cada hora cien diamantes,
                  o a ser en Madrid tenido
               por avaro, pues dispones
               otras tantas ocasiones,
               que no te dejarán corrido.

Gutierre   No haré tal, pues con tan buenos
               gustos, que toman verás
               de mí lo que siendo más,
               saben que me cuesta menos.
                  Y así, con bríos ufanos,
               de estas prendas los despojos
               pienso dar a muchos ojos
               y negar a muchas manos.

Tadeo   ¡Oh, qué gentil arrogancia!
               Perecerá tu justicia,
               que vanidad y avaricia
               hacen grande repugnancia.

(Sale don Gonzalo.)

14

Gonzalo   Primo, es hora de advertiros
                 que es tarde; pero, ¿por qué
                 me maravillo, pues sé
                 lo que tardáis en vestiros?
                 Bravo estáis, por vida mía.

Gutierre   Quizá recibís engaños.

Gonzalo   Cortesano de mil años
                 parecéis.

Gutierre   Soylo en un día;
                 que esto más puede y allana
                 de la Corte donde estamos
                 la grandeza, pues llegamos
                 anoche, y esta mañana,
                 casi sin buscarlos, vi
                 en un punto prevenidos,
                 sin número, los vestidos,
                 como hechos para mí,
                 y compré dos, que me están
                 a medida del deseo.

Gonzalo   Y según eso os veo
                 de cortesano y galán,
                 cesará la competencia,
                 en la Corte, entre mí y vos,
                 que, aunque tan primos los dos,
                 teníamos en Valencia.

Gutierre   Bien habéis hecho en rendiros
                 y mudar de pensamiento,
                 donde hay más conocimiento

de galas.

Gonzalo   Gusto de oíros;
                    mas es soberbia por Dios,
                y por ella, aunque no importe,
                habéis de ver que en la corte
                vuelvo a competer con vos,
                    pues hice ya prevenciones.

Tadeo   ¿Cuáles son? ¿Habláis de veras?

Gonzalo   Entre cuatro faltriqueras
                repartidos mil doblones.

Tadeo   Pese a tal, a eso me ajusto.

Gonzalo   Y echando por el atajo,
                pienso con menos trabajo
                comprar no tan caro el gusto.

Gutierre   ¿Y cómo gusto comprado
                pensáis que lo puede ser?

Tadeo   Es amante mercader.

Gonzalo   Debo tenerle estragado;
                    pero en la corte ver quiero,
                de mí a vos, cuál más conquista,
                dando galas a la vista,
                o a la esperanza dinero;
                    pero han de ser excusados
                entre los dos los enojos,
                si en quien vos ponéis los ojos
                envío yo los recados.

Gutierre   Sea así, y un desengaño
              veréis presto en mi verdad.

Tadeo   Yo ayudo con la mitad,
              si apostáis. ¡Gracioso engaño!
                 Vencerá la parte tuya,
              aunque él sea un Cicerón,
              y un Narciso en la opinión
              de todos, como en la suya.
                 ¡Qué confianza tan loca!
              ¡Qué locura tan notable!
              En Madrid oro y potable
              desde la mano a la boca,
                 los estados califica,
              los corazones granjea,
              los ánimos lisonjea
              y las sangres purifica.
                 Es de las damas espejo,
              triaca de la malicia,
              tirano de la justicia,
              consejero del consejo.
                 Es ídolo de las gentes,
              alivio de los afanes,
              oprobio de los galanes,
              cuchillo de los valientes,
                 vergüenza de los discretos
              injuria de los honrados,
              suspensión de los cuidados
              y causa de los efectos.
                 Es refulgente, es hermoso,
              es hidalgo, es bien nacido,
              es pujante, es atrevido,
              es valiente, es poderoso,

es piadoso y es cruel;
y ya afable o ya importuno,
del Rey abajo ninguno
es tan bueno como él;
    pero tú, pues te acomodas,
rendirás más corazones
con el son de dos doblones
que no él con sus galas todas.

Gutierre
    Calla, necio, que infinito
me enfadas; ello dirá.

Gonzalo
Y yo también, bueno está,
a las obras lo remito.

Gutierre
    ¿Ha sabido que llegamos
nuestro tío?

Gonzalo
                Está enojado
de no habernos apeado
en su casa.

Gutierre
                Pues digamos
    que el llegar llenos de lodo
y tarde, la causa fue;
a mi hermana le envié
un paje.

Gonzalo (Aparte.)
            (Y mi alma y todo
    la llevo, por quien destierra
todas las penas que pasa.)

Gutierre
¿Si habrá ya vuelto a su casa,
de su consejo de guerra,

nuestro tío?

Tadeo
                    Explorador
iré a ser, y mientras llego,

Gutierre   Ve luego.

Tadeo
                    Y buen ánimo, señor;
que en la competencia espero
que has de probar como un Cid.

Gutierre   A las damas de Madrid
daré amor.

Gonzalo   Y yo dinero.

(Vanse. Salen doña Brianda y Lucía por una puerta, y por otra el Marqués.)

Brianda   Mira por esa ventana
si viene.

Lucía   Está sin recelo.

Marqués   Sal del mundo, Sol del cielo,
bien divino en forma humana.

Brianda   Aunque tuya, marqués mío,
la misma desdicha soy.

Marqués   ¿Por qué, mi bien?

Brianda   Muerta estoy,
sin fuerza en el albedrío,
sin paciencia en el despecho,

sin valor en los agravios;
sin palabras en los labios,
solo amor tengo en el pecho.
   Mis dos primos han llegado,
y de mi padre el intento
ya lo sabes.

Marqués   Ya me siento
en ese fuego abrasado;
   ya estoy con ansia encogida
en ese rigor perdido,
sin seso para el sentido,
sin alma para la vida,
   sin fuerza para el dolor,
de todo remedio ausente,
pues como tú solamente
en el pecho tengo amor.
   ¿Puede ser que me destruya
tu cruel padre, pues desvía
el llegar la mano mía
a ser lazo de la tuya?
   Fuera de no estar cubierto
delante el rey, ¿ha llegado
ninguno a tener estado
ni más rico ni más cierto?
   ¿No hubiera yo merecido,
siendo tuyo, el ser tu esposo,
si naciera tan dichoso,
como nací bien nacido?
   Pues, ¿por qué abate mi amor?
¿Por qué me tiene en tan poco?

Brianda   No hace tal, que no está loco;
antes recela, señor,

viendo la grandeza tuya,
que en tu casa, en tu poder
fuera cierto oscurecer
los blasones de la suya;
	y así, quiere darme a un hombre
que tenga estado menor,
en quien conserve mejor
su mayorazgo y su nombre.
	En esto solo fundó
el matarme con dejarte.

Marqués	¿Esposo al fin quiere darte
que valga menos que yo?
	En eso, mi bien, verás
lo que desdichado he sido,
pues a mí solo han tenido
en menos por valer más.

Brianda	Muerta en mi desdicha estoy;
pero ten seguridad
que, aunque muera en su crueldad,
seré tuya, pues lo soy;
	que cuando en tanta aspereza
no haya remedio mejor,
aunque le sobre rigor,
no ha de faltarme firmeza.

Marqués	Ya con tal ofrecimiento,
no solo, mi cielo hermoso,
no estoy muerto de quejoso,
pero estoylo de contento.
	Ya vivo en tu confianza,
pues si mi ventura ve
que no te falta la fe,

será un monte mi esperanza.

Brianda   Habla paso.

(Sale Tadeo.)

Lucía   Atrevimiento
es ése.

Tadeo   No hay que dudar.

Lucía   ¿Qué quieres hacer?

Tadeo   Entrar
hasta el último. aposento.

Lucía   ¿Estás loco? ¿Dónde vas?

Tadeo   Bien preguntas.

Lucía   ¿Qué hacer quieres?

Tadeo   Después de entrar.

Lucía   Di quién eres.
Di quién eres. ¿Búrlaste?

Tadeo   Pregunta más.

Lucía   ¿Qué haces?

Tadeo   Pregunta.

Lucía   Ten;

esto de locura pasa.

Tadeo   Soy de casa.

Lucía   ¿Y quién de casa?

Tadeo   Bien preguntas; oye quién.
                 Soy lacayo del sobrino
               cuyo tío es, por ser suyo,
               tan mi amo como tuyo.
               Y esta escalera imagino
                 con bastantes escalones
               para subirme y entrar.

Lucía   ¿Qué es aquéllo?

Tadeo   Hasta el hablar,
               me sabe bien a empujones.

Lucía   Digo que gastas humor
               atrevido y extremado.

Tadeo   Diómele para el recado
               don Gutierre, mi señor.

Brianda   Temo que lacayo sea
               de mi primo y de mi daño.

Marqués   ·   Pues, ¿qué haremos?

Brianda   No me engaño.
               Pesárame que te vea;
                 no estés con pecho cobarde.

Marqués   ¿Cómo, si te tengo en él?

Brianda   Tú disimula con él;
                           que yo me voy.

Marqués   Dios te guarde.

(Vase doña Brianda.)

Tadeo   Ya estás menos ofendida
                           y enojada.

Lucía   Es cierta cosa,
                           pues que me llamaste hermosa.

Tadeo   Fue palabra muy sentida.

Lucía   Fueron las satisfacciones
                           muy bastantes.

Tadeo   Yo me holgara
                           si, como tu buena cara,
                           tuvieran buenas razones.
                              ¿Quién es este caballero?

Lucía   Un marqués que está esperando
                           a don Pedro, mi señor.

Tadeo   Cansaráse de esperarlo;
                           que el esperar es morir.

Marqués   No me enojo, aunque me canso;
                           pero decidle, señora,
                           que yo no pequeño rato

le esperé para decirle
que favorezca un soldado,
a quien debo obligaciones,
y que volveré de espacio.

Lucía   Serviré a vueseñoría.

(Vase Lucía.)

Tadeo   Y yo y todo, porque gasto
buen humor y buena prosa.

Marqués   Y aun el donaire no es malo.
¿De dónde sois?

Tadeo   Debo ser
entre español y gabacho;
de Francia a Valencia vine,
y vióme de pocos años
la plaza de la Olivera
atambor y abanderado.

Marqués   ¡Buenos cargos!, ¿y os llamáis?

Tadeo   Tadeo, el primer lacayo
de mi nombre.

Marqués   Así lo creo;
y ¿servís?

Tadeo   Sigue mis pasos
don Gutierre, mi señor,
caballero valenciano.

Marqués   ¿Es principal caballero?

Tadeo   Así tuviera los cascos
               como los abuelos tuvo.

Marqués   ¿Murmuráis de vuestro amo?

Tadeo   Así el hacerlo me toca
               para parecer criado.

Marqués   ¿Es rico?

Tadeo   Pudiera serlo,
               que es varón calificado;
               señor es de seis aldeas,
               pero con empeños tantos,
               que los vasallos se come,
               crudos, cocidos y asados.

Marqués   ¿Es liberal?

Tadeo   ¿Liberal?
               No vieron ojos humanos
               en su casa pasajeros
               y en su mesa convidados.

Marqués   ¿Tiene caballos?

Tadeo   No tiene;
               pero aunque muera rabiando
               de hambre, no dejará
               de tener machuelo o macho.
               Tiene impulsos de arriero,
               cuyas causas le inclinaron

a géneros de animales
transversales y bastardos.
Yo solo le conocí
de poco precio un caballo,
que le sirvió pocos días,
y hubo de venderlo manco;
porque la carga de un necio
es insufrible trabajo.

Marqués   Pues, ¿en qué gastó su hacienda?

Tadeo   Tiene el humor más extraño
                     que vieron las tres edades.
(Aparte.)   (Pienso que me voy picando.)

Marqués   Proseguid, por vida mía;
                     ¿cómo se perdió?

Tadeo   Jugando
                     a la pelota de viento
                     partidos disparatados;
                     y a los trucos, sin saber
                     tomar en la mesa el taco,
                     le vi perder muchas veces
                     a mil y a dos mil ducados;
                     y fabricando vestidos
                     en mala Luna cortados,
                     pues fue la de su cabeza,
                     ya creciendo, ya menguando.
                     Una vez le vi poner
                     sobre un vestido de paño
                     más de seis mil quinientos
                     botones abellotados.
                     Y sucedióle después

de ser excesivo el gasto,
ser ridículo el vestido,
y quedar él muy ufano.
Por comprar una carroza
se cargó diez violarios
que a los censos de por vida
ansí en Valencia llamamos
y dos caballos frisones,
con un cochero borracho,
desafiaron los vientos,
y por una puente abajo
dieron con todo al través,
y un portalero mataron
a lanzadas como moro,
y entre puertas, como gato.
Gastó también ciegamente
haciendo caminos largos
por ver solo una mujer,
a quien no tocó una mano,
por dar a entender no más
que era escogido y llamado
de una mujer que en la corte
los príncipes celebraron.

Marqués   Luego, ¿préciase de lindo?

Tadeo   Aunque gastara mil años
en decir lo que hay en eso,
me sobraran cuentos largos.
Un Narciso en su opinión
es, tan tierno enamorado
de sí mismo, que a su sombra
suele alargarle los brazos.
Con estas satisfacciones,

muy arrogante y muy falso,
de cuantos ojos le miran,
torcidos o regalados,
piensan que le arrojan fuego,
y que deja enamorados
sus dueños, que por ventura
su locura celebraron;
y entre confusas ideas,
pueden tanto sus engaños,
que cuenta por sucedidos
los gustos imaginados;
así se mira y se goza
más contento que engañado,
pensando que hasta las bestias
se les lleva los cuidados.
Y no es patraña, por Dios.
Escucha un cuento galano.
En Valencia, yendo un día
por una calle, encontramos
una mula de un doctor
a la puerta de un letrado;
la cual volvió la cabeza
a la que los dos pasamos,
mascando freno y espuma,
gruñendo y orejeando;
y él dijo, muy en su seso:
«¡Ah, Tadeo! ¿No has notado?
¡Hasta las mulas, por Dios,
me miran con ojos claros!»

Marqués   Donoso extremo, a fe mía;
graciosamente has contado
los milagros de su vida.

Tadeo

Quisiera ser un milagro
empleado en tu servicio,
mas cuéntame por tu esclavo.

Marqués
(Aparte.)

Amigos hemos de ser;
adiós. (Moriré si falto
sin ver mi gloria al salir.)

(Vase.)

Tadeo

Por lo que me has escuchado
beso mil veces tus pies;
que parece que descanso
el corazón cuando cuento
disparates de mi amo.

(Sale Lucía.)

Lucía

Apercíbete a pedir
albricias; que ya se apea
mi amo.

Tadeo

En buen hora sea;
mas tú volviste a salir
solo por volverme a ver.

Lucía

A lo menos por oírte
solemnizarte y servirte.

Tadeo

¡Qué buen gusto de mujer!

Lucía

¿Luego imaginas que estoy
perdida por tus amores?

Tadeo   Repito los borradores
de mi amo, necio soy.

Lucía   De la cabeza a los pies
eres bellaco.

Tadeo   Y por ello
ya tuyo.

Lucía   Veréme en ello,
adiós.

(Vase Lucía.)

Tadeo   Juguetona es.

(Sale don Pedro, y criados con él.)

Criado   Quejábase aquel soldado
con razón.

Pedro   Ansí es verdad.
Provea su majestad
mi plaza; que estoy cansado
   de ver ya las cosas tales,
que vienen a ser mejores
los billetes de señores
que fees de los generales;
   que, como toda mi vida
serví en Flandes, en campaña,
sé lo que luce una hazaña
y lo que cuesta una herida;
   y oféndeme el ver tan llano
valer con razón sucinta,

más que la sangre la tinta,
por venir de buena mano.
    Con razón estos rigores
apuran muchas paciencias,
y no sé con qué conciencias
los grandes y los señores
    les quitan a los soldados
mercedes y honras sin tasa,
para pagar de su casa
los servicios mal pagados.
    Disculpados desatinos
dicen los soldados.

Tadeo   Voy.

Pedro   ¿Quién eres?

Tadeo   Lacayo soy
común de tus dos sobrinos
    que anoche llegaron.

Pedro   Ya
lo he sabido.

Tadeo   Yo busqué
su posada y no la hallé.

Pedro   Para que yo fuera allá;
    del no venirse apear
a esta su casa me quejo.

Tadeo   Por no venir en bosquejo
se quisieron retocar;
    mas por la falsa entraron

ahora, y ellos darán
su disculpa.

Pedro   Enmendarán
con su vida lo que erraron.

Tadeo   Mas no porque van llegando
perderé en esta ocasión
las albricias.

Pedro   Ni es razón.

Tadeo   Ya las pido.

Pedro   Yo las mando.

(Salen don Gutierre y don Gonzalo.)

Gutierre   ¿Si habrá ya llegado?

Gonzalo   Él es.

Pedro   ¡Sobrinos!

Gutierre   ¡Señor!

Gonzalo   ¡Señor!

Pedro   Hijos dijera mejor.

Gutierre   Danos la mano.

Gonzalo   Y los pies,
para que así nos perdones

lo que tardamos.

Pedro   Llegad
el pecho y tomad, tomad
abrazos y bendiciones.
     Llama a Brianda y Mencía,
vengan, vengan al momento;
que es muy grande este contento,
y repartirle querría.

(Va un Criado.)   ¿Cómo venís?

Gutierre   Los caminos
nos han tratado muy mal;
con fríos.

Pedro   ¿Quién dice tal?
En tales años, sobrinos,
     cuando se anima la edad
con el juvenil valor,
¿tienen frío, ni calor
los hombres?

Gonzalo   Así es verdad;
     y mi primo por sí habló,
porque yo no lo sentí.

Gutierre   Aunque confieso que sí,
bien pude pasarle yo.

Tadeo (Aparte.)   (Con el fieltro y mascarilla,
que la tez le conservara,
porque piensa que es su cara
la flor de la maravilla,

                    y es un puro cordobán.)

Pedro   Galanes venís y buenos;
                    vos, don Gutierre, a lo menos,
                    tan del todo estáis galán,
                        que pueden pensar de vos
                    que así, calzado y vestido,
                    de la corte habéis nacido;
                    galán sois.

Gutierre   Débolo a Dios;
                        y yo de serlo me precio
                    con particular cuidado.

Pedro (Aparte.)   (Si este mozo es confiado
                    y no es loco, será necio.)
                        Si así el acero os ponéis,
                    si así las armas jugáis,
                    como las galas lleváis,
                    gran caballero seréis.

Gutierre   También sé blandir la espada
                    y sabré terciar la pica;
                    que a cualquiera cosa se aplica
                    mi persona ejercitada;
                        bien mis fuerzas acomodo
                    a todo.

Pedro   ¿Así? Dios os guarde.

Gonzalo   No hay valenciano cobarde.

Pedro (Aparte.)   (En todo el mundo hay de todo.)

Gonzalo (Aparte.)   (Ya el humor le ha conocido
                           mi tío, pues le ha mirado
                           entre atento y admirado.)

Tadeo (Aparte.)   (¡Qué falso está y qué engreído!)

(Salen doña Brianda y doña Mencía.)

Pedro   Brianda, tus primos tienes
                           ya en tu casa, a verlos llega.
                           Mencía, tu hermano y primo
                           logran la esperanza nuestra.

Brianda   Sean mis primos bien venidos.

Mencía   Tan dichosamente vengan
                           como alegre los recibo.

Gutierre   Señora, a tus pies merezca
                           tu mano.

Brianda   ¡Primo, señor!

Gonzalo   ¡Prima!

Mencía   ¡Primo!

Gonzalo   ¡Ah, quién pudiera
                           apretar más este abrazo!

Mencía   Sirvan los ojos de lengua.

Pedro   De don Gutierre fue padre,
                           que Dios en el cielo tenga,

don Alonso, hermano mío,
cuyo mayorazgo hereda.

Gonzalo   Participe yo también
de tu mano.

Brianda   Bueno fuera
no darte también los brazos.

Gutierre   ¿Hermana?

Mencía   Hermano, ¿que pueda
abrazarte? Aún no lo creo.

Tadeo (Aparte.)   (Ya los ojos se le lleva
su prima.)

Pedro   Y de don Gonzalo
fue mi hermana doña Elena
madre y gran hermana mía,
que ya del cielo es estrella.
Sentémonos. ¡Hola, sillas!
Y luego quiero que sepan
mis sobrinos la ocasión
que los trujo de Valencia.

(Siéntanse y todos hablan aparte.)

Brianda   Ya comienzan mis temores.

Mencía   Ya mis recelos comienzan.

Gonzalo   En mi prima tengo el alma.

Gutierre   ¡Qué soberana belleza!

Brianda   ¡Qué afectado caballero!

Gutierre   ¡Qué declarada, qué tierna,
             sus ojos puso en los míos
             con igual correspondencia!
             Ya pica el pece, por Dios.

Tadeo   Sin duda mi amo piensa
             que ya es suya, y atribuye
             lo que es desaire a terneza.

Pedro   Yo, como sabéis, sobrinos,
             aunque mayorazgo era
             en la casa de mis padres,
             pudieron sacarme de ella,
             casi en pueriles años,
             sin su gusto y con mi Estrella,
             la inclinación de las armas
             y el bullicio de la guerra.
             Pasé a Flandes, y probé
             tan dichosamente en ellas,
             que fui añadiendo blasones
             a mi heredada nobleza.
             Llegué a ser maese de campo
             con la misma ligereza
             que yo tuve en dilatar
             mi opinión y mi experiencia.
             Por mi mujer merecí
             a una señora flamenca,
             tan principal como rica
             y tan casta como bella;
             pero llevósela el cielo,

habiendo sido en la tierra
tal, que solas sus memorias
hacen mis entrañas tiernas.
Dejóme a solo Brianda;
vine a la corte con ella,
habiendo servido en Flandes
pasan los años de treinta,
por lo cual su Majestad,
así en honras como en rentas,
me hizo grandes mercedes,
aunque mayores promesas,
después de hacerme también
de su consejo de guerra.
Recién llegado a Madrid,
porque sola no estuviera
Brianda, vino Mencía,
por mi gusto, de Valencia,
que ha ya dos años y más
que le acompaña y consuela.
Y ahora, viendo mi edad
tanto a los tiempos sujeta,
que parece que los años
a la muerte lisonjean,
y queriendo disponer
con mi voluntad postrera
de mi alma, de mi hija,
de mi estado y de mi hacienda;
aunque a Brianda me piden
con aplauso y competencia,
en la corte más señores
que su fama tiene lenguas;
temiendo en lo porvenir
que mi nombre se oscurezca,
si no entre hazañas mayores,

entre mayores grandezas;
y previniendo también
que en mi patria no se pierdan
de mi casa los blasones,
aunque en la ajena florezcan,
quiero, tomando consejo
de mi madura experiencia
pues mi mayorazgo vale
más de doce mil de renta,
que se conserve en mi nombre
y que se logre en mi tierra,
volviendo a la sangre mía
lo que he comprado con ella;
y así, envíe por los dos,
en quien tan iguales pesan
las obligaciones mías,
para que mi hija pueda,
haciendo elección del uno,
unir en los dos mi herencia.

Gutierre (Aparte.)   (¿Quién duda que seré yo
el escogido por ella?)

Mencía (Aparte.)   (Ya está por mí prevenida.)

Gonzalo (Aparte.)   (Y cuando no lo estuviera,
¿hay humanos intereses
por quien yo olvide tus prendas?)

Gutierre (Aparte.)   (Ya con los ojos me nombra.)

Brianda (Aparte.)   (Confusiones me rodean
el alma.)

Pedro   ¿Qué dices, hija?

Brianda   ¿Cómo con tanta presteza
                         señor, puedo resolverme?
                         Si gustas, dame licencia
                         para pensarlo mejor.

Gutierre (Aparte.)   (Ya me ofende, pues lo piensa.)

(Sale un Paje del Marqués.)

Paje   Para dar la bienvenida
                         a estos señores, licencia
                         pide el Marqués, mi señor.

Pedro   Entre el Marqués norabuena;
                         Saldréle yo a recibir.

Paje   No es menester; que ya entra.

(Salen el Marqués, un Paje y criados.)

Marqués   Esta poca cortesía
                         de no esperar el recado
                         perdone vueseñoría,
                         pues en mí se habrá fundado
                         sobre amistad.

Pedro   Honra es mía
                         el tratar mi casa así,
                         conozca a mis valencianos.

Marqués   Por servirlos vine aquí.

Gutierre   Para darme a mí las manos.

Gonzalo   Y darme los pies a mí.

Tadeo   Pues que somos.

Paje   Sí seremos.

Tadeo   ¿Oiga voacé?

Paje   Bien, por Dios.

Tadeo   Criados a vela y remos,
              coro aparte, murmuremos
              de nuestros amos los dos.

Paje   ¿Va de juego?

Tadeo   Va.

Marqués   Señora,
              vuesa merced, ¿cómo está?

Brianda   La salud que tengo agora
              siempre al servicio estará
              de vueseñoría.

Marqués   Y, ¿mejora
              de su gran melancolía
              vuesa merced?

Mencía   Con tal contento
              estoy loca de alegría.

Brianda	¿Cómo está vueseñoría?
Marqués	Algo indispuesto me siento.
Brianda	En el alma me pesó.
Marqués	Ya tengo salud entera.
Gutierre	Mil males tomara yo, si para todos tuviera el milagro que os sanó.
Brianda	Hasta tenerlos, quejoso no estéis, primo; aun es temprano.
Pedro	¿Sobrino?
Gutierre	Yo soy dichoso.
Pedro	Como poco cortesano, parece que estáis celoso.
Gutierre	¿Yo celos? Ni aun de los cielos no hayáis miedo que los pida; mal conocéis mis desvelos, un hombre soy que en mi vida ni tuve envidia, ni celos; porque siempre un hombre he sido que infinitos los he dado, mas nunca los he tenido.
Brianda (Aparte.)	(¡Qué necio tan confiado!)
Pedro (Aparte.)	(¡Qué bachiller tan corrido!)

Tadeo

      Sospecho que no se engaña
del todo mi amo, pues
como el Sol en la campaña,
los ojos pone el Marqués
en su prima.

Paje

        Es cosa extraña
lo que adora a esta mujer
y ella admite la esperanza.

Tadeo

¡Qué bello decir y hacer
los criados a la usanza
de este tiempo! Así han de ser,
  pues deben al ser discretos
descubrir el primer lance
de sus amos los secretos.

Gonzalo

No hayas miedo que te alcance
la causa ni los efetos;
  pues el propio valor
suyo perderá primero el oro
que yo deje de ser tuyo.

Mencía

A lo mucho que te adoro
estas dichas atribuyo;
  ya te doy mil parabienes.

Gonzalo

Deja ocasiones de quejas
y dame causas de bienes.

Mencía

Muy sin recelo me dejas.

Gonzalo

Y muy seguro me tienes.

Gutierre   Préciome yo de atrevido.

Brianda   Tú en tener tales recelos,
                  es sin duda que lo has sido.

Marqués (Aparte.) (¡Muero de envidia y de celos!)

Brianda   Al Marqués miró ofendido.

Gutierre   Oye.

Brianda   Sabrélo después,
                  pues tan poco va ni viene
                  en eso, señor Marqués,
                  en que agora se entretiene
                  mi señora doña Inés.

Marqués   Mi hermana solo en ser mía
                  tiene por gusto y deporte.

Brianda   Rayos de quejas me envía.

Pedro   Dios la guarde, es en la Corte
                  lo que es el Sol para el día.

Gutierre   ¡Qué hermana tiene tan bella!

Marqués   Vendrá a besarte las manos.

Gutierre   Mucho me holgara de vella.

Brianda   Las tuyas beso.

Pedro   Honráranos
esta casa, pues en ella
le daremos ocasión
tan presto.

Marqués   ¿Cómo?

Pedro   Se casa
mi Brianda.

Marqués (Aparte.)   (¡El corazón,
desalado, se me abrasa!)

Pedro   Porque sigue mi opinión,
con el uno de mis dos
sobrinos.

Brianda (Aparte.)   (Del todo muerto
está mi Marqués. ¡Ay, Dios!)

Marqués   Y ¿está del todo el concierto
ya concluido por vos?

Pedro   Es mía la voluntad;
solo le falta escoger
a cuál quiere.

Marqués (Aparte.)   (¿Hay tal crueldad?
¡Ay, mudable!)

Brianda   ¿Qué he de hacer?
¿Diréle que no es verdad?

Marqués   Será mil veces dichoso

el que quedare elegido
por ella.

Gutierre   Más que glorioso
quedaré siendo escogido.

Gonzalo   Y yo quedaré envidioso.
     Esto ha sido cumplimiento,
bien mío.

Mencía   Con todo, agora
con toda el alma lo siento.

Marqués   Vuesamerced, mi señora,
gozará de este contento
     millares de años, contados
con los minutos los bienes.

Brianda   Yo agradezco esos cuidados;
pero nunca parabienes
se admiten adelantados,
     porque suele suceder
derribar las esperanzas
la Fortuna.

Marqués   Puede ser,
pues que para hacer mudanzas,
hasta en el nombre es mujer;
     y porque pienso que es tarde,
será bien daros lugar.

Brianda (Aparte.)   (¡Qué perdida, qué cobarde
me deja!)

Pedro (Aparte.)   (Que sospechar
me dejan.)

Marqués   El cielo os guarde.

Pedro   Todos te acompañaremos.

Marqués   No, por mi vida; ¿por qué
usáis de tales extremos?

Gutierre   Yo solo me quedaré.

Mencía   Porque solas no quedemos.

Marqués   Muerto voy.

Gutierre   Seré despojos.

Tadeo   Como en su centro quedó.

Brianda   ¿Qué disparates? ¿Qué antojos?

Gutierre   Parece que me miró,
dándome el alma en los ojos.

Paje   Bravos ademanes son
los de tu amo he pensado...

Tadeo   Pienso que tienes razón.

Paje   ...que es un necio confiado.

Tadeo   Y un Narciso en su opinión.

(Vanse unos por una puerta y otras por otra.)

Fin de la primera jornada

Jornada segunda

(Salen don Pedro y doña Brianda.)

Pedro
      Brianda, mal te aprovechas
del valor, porque me pones
con dudas en ocasiones
de recelos y sospechas.
     No de tu honor, cuyo brío
estriba en tan buen cimiento,
sino de algún pensamiento
que se encuentra con el mío;
     resuélvete en escoger
para esposo, de estos dos
el uno.

Brianda
      ¿Tan presto? ¡Ay, Dios!
¿Cómo, padre, puede ser?
     Este nudo indivisible
del casamiento, ¿no es,
ciego en los cuerpos, despúes
para las almas terrible?
     ¿No es tan cruel, no es tan fuerte,
que aunque la razón lo pida,
no le desata la vida,
sino le acaba la muerte?
     Pues ¿cómo, padre, al compás
de la prisa que hay en ti,
de dos hombres para mí
mirar el que vale más?
     ¿Podréles ver, por momentos
tan llenos de pesadumbres,
el valor en las costumbres
y el alma en los pensamientos?

          ¿Podré ver con tal presteza
de cuál se aplica el amor,
mi sangre con más calor,
mi gusto con más terneza?
          Mira que es justo.

Pedro   No es justo
para quien echa de ver
que en elección de mujer
las más veces yerra el gusto,
          y así, esposos escogidos
entre amorosos cuidados,
si no mueren descuidados,
padecen arrepentidos.
          Pero cuando elige esposos
la paternal providencia,
en premio de su obediencia,
las más veces son dichosos.
          Y tú, a ser más bien mirada,
más humilde, más sujeta,
más prudente, más discreta,
más dócil y más honrada,
          porque de ti se tuviera
general satisfacción,
fiaras de mi elección
lo que de la tuya era.

Brianda   Tú eres padre y dueño mío,
pero en la mujer ¿no ves
que en esto solo no es
la libertad desvarío?
          De mi esposo...

Pedro   Di.

Brianda   ...señor,
a ti no te ha de tocar,
si es flemático, el pesar;
si es colérico, el temor;
   si es importuno, el enfado;
si es vicioso, la costumbre;
si es necio, la pesadumbre;
la afrenta, si no es honrado.
   Y si el pecho le desama,
tú, señor...

Pedro   Di.

Brianda   ...¿mal forzoso
has de partir con mi esposo
una mesa y una cama?
   Pues si yo he de ser, ¿por qué
quieres elegir por mí,
ni darme prisa?

Pedro   ¿Así? ¿Así?
Nunca tal imaginé;
   mujer apenas, ¿no veis
lo que entiende y lo que traza?
Atrevidilla rapaza,
¿tanta libertad tenéis?
   Pues porque no la tengáis,
elegir y obedecer
dentro de una hora ha de ser;
y advertid que si os tardáis,
   haré yo vuestra elección,
con diligencias no malas,
para cortaros las alas

de tan libre corazón.
      No repliquéis; ¿hay tal cosa?
¡Hola, hola!, ¿quién pensara
este extremo de esa cara
tan compuesta y vergonzosa?

(Vase.)

Brianda

      Apenas tiene plumas el avecilla,
cuando pone en los vientos el cuidado;
el más menudo pez del mar salado
suele atreverse a su arenosa orilla.
      Deja el monte la tierna cervatilla,
y aunque con su peligro, pace el prado,
las útiles defensas del ganado,
pierde tal vez la mansa corderilla.
      Sube al aire la tierra más pesada,
sale de madre el más pequeño río,
el cobarde mayor saca la espada;
      la menor esperanza finge brío,
¡y solamente la mujer honrada
tiene sin libertad el albedrío!

(Salen Lucía y el Marqués.)

Lucía

      Ya de sus negocios trata
el viejo, y puedes entrar.

Marqués

Con quejas he de matar
a quien con celos me mata.
      ¿Eso es posible, señora?

Brianda

Marqués, ¡qué atrevimiento!

| Marqués | ¡Que tan mortal tormento
padezca quien te adora! |
| --- | --- |

| Brianda | ¿Eso dices? ¡Ay, cielos! |

| Marqués | Mira mis ojos, que me abrasan celos. |

| Brianda | Cuando, perdida y loca,
no hay bien que no me huya,
cuando por causa tuya
tengo el alma en la boca,
que sales tras mis quejas,
¿de mí te ofendes y de mí te quejas?
Quéjate de mi suerte,
que impide tu esperanza
sin temer la mudanza
de quien pide a la muerte
la mayor aspereza que acredite
contigo mi firmeza. |

| Marqués | Ángel del alma hermoso,
¿quién causa en ti ese extremo,
por quien mi muerte temo? |

| Brianda | Un padre riguroso,
que pide, como injusto,
fuerza a la voluntad y ley al gusto.
Solo una hora le ha dado
de término a mi muerte,
o con rigor más fuerte
resuelto y arrojado,
por esposo importuno
de mis dos primos quiere darme uno. |

Marqués   Desdichas inhumanas,
                 yo muero; mas, señora,
                 ¿en esta casa agora
                 no hay puertas, no hay ventanas?
                 Si por ellas no puedes,
                 derribaré a puñadas las paredes,
                 para que salgas de ella,
                 o abrasarála el fuego
                 de...

Brianda   Oye, ten sosiego,
                 escucha.

Marqués   ¡Ay, prenda bella!

Brianda   Y eso en mí, ¿qué sería?
                 Honra soy de mi padre.

Marqués   ¿Y no a la mía?
                 Menos esta balanza
                 pesa en tu pensamiento
                 asida a tu belleza.
                 ¿Esto es fe? ¿Esto valor? ¿Esto firmeza?

Brianda   Y tal, que en mis acciones
                 valerme de ella espero;
                 pero los medios quiero
                 de sus ejecuciones,
                 porque sean más buenos,
                 que de mi calidad desdigan menos.

Marqués   Ya por ti los estimo,
                 ya saberlos quería.

Brianda	Quiere a doña Mencía don Gonzalo, mi primo, tanto, que es cierta cosa el ser su amante para ser su esposa. Y si a mi padre engaño y digo que a él le quiero, de su fineza espero suspensión en mi daño, siendo de él no admitida; pero al segundo lance soy perdida. Porque mi padre, ciego con sus vanos antojos, con mayores enojos, en don Gutierre luego querrá darme un marido, de mí, por confiado, aborrecido; y quitarme la vida, que en ti depositada tengo, tan desdichada como favorecida de tu alma en mis ojos.
Marqués	Pues ¿qué haremos, mi bien?
Brianda	Morir de enojos.
Marqués	¡Ay, gloria ya no mía, ponme en tus brazos bellos, para que muera en ellos!
Brianda	¿Posible no sería con algún modo extraño sufrir la pena y suspender el daño?

Marqués

¿Cómo, si está el sentido
muerto en el sentimiento?

(Sale Lucía.)

Lucía

Señora, pasos siento.

Marqués

Vaste, y quedo perdido.

Brianda

Vete, y sin alma quedo.

(Vase.)

Marqués

En piedra convertido, ¿cómo puedo?
  ¿Qué pasos darán los pies,
cuando pesan las desdichas
tanto en el alma, que apenas
dejan fuerzas en la vida?
¿Qué valor habrá en el pecho,
donde las alas palpitan
de un corazón, por amante,
ya convertido en ceniza?
¿Qué discursos puede hacer
una cabeza vacía,
sin seso por verse en mí,
por levantada, caída?

(Sale Tadeo.)

Tadeo

¿Señor Marqués?

Marqués

¡Oh, Tadeo!

Tadeo

Profunda melancolía

señalas, señor. ¿Qué tienes?

Marqués   Esta enfermedad maldita
                 no tiene causa.

Tadeo   ¡Oh, qué bien!
                 ¿Por qué de mí no la fías?
                 Ya he sabido tus cuidados.

Marqués   ¿Quién los sabe y los publica?

Tadeo   Quien los descubre en tus ojos;
                 y ¿por qué te maravillas,
                 si las paredes los oyen,
                 de que las piedras los digan?

Marqués   Aunque en humilde sujeto,
                 tu discreción me convida
                 a que por consuelo tenga
                 el contarte mi desdicha.

Tadeo   Tras las mercedes pasadas,
                 con ésta, señor, me obligas
                 a ser siempre esclavo tuyo.

Marqués   ¡Ay, Tadeo!, aunque la estimas,
                 no la agradezcas; que son
                 tan grandes las penas mías,
                 que en mi corazón revientan,
                 y se salen ellas mismas
                 por la boca y por los ojos,
                 arrojadas de ofendidas.
                 Don Pedro, don Pedro —¡ay, cielo!—
                 quiere casar a su hija

con uno de sus sobrinos,
siendo el alma de esta vida;
de don Gonzalo ya sé
que solamente se inclina,
amante de muchos años,
a solo doña Mencía;
y así, de él estoy seguro;
pero don Gutierre aspira
a ser su esposo, juntando
confianzas y porfías,
hoy quiere casarla el viejo,
y yo muriendo querría,
aunque haya de ser, siquiera
suspenderlo algunos días,
y no sé el cómo, ¡ay de mí!

Tadeo   Linda traza, no te aflijas,
se me ha ofrecido en un punto.

Marqués   Dila, amigo.

Tadeo   Escucha.

Marqués   Dila.

Tadeo   ¿Tú no tienes una hermana
con tanta opinión de linda,
que es un extremo en la corte?

Marqués   Es así.

Tadeo   Pues ¿cómo harías
que don Gutierre la vea
y que piense que le mira

con terneza y con amor?
Pues por poco que lo finja,
pensará que por él muere;
que en los aires facilita
estas cosas su opinión,
engañándose ella misma;
y es tan vano y presumido,
que si la ve, y se encapricha
en alcanzarla, y tener
un cuñado Señoría,
que me maten si en un punto
no se ofende y no se olvida
de su prima y de su tío.

Marqués   Cosa fuera peregrina;
mas está mi hermana ausente,
porque se fue con mi tía
a una de mis aldeas,
donde estará algunos días;
y aunque en Madrid estuviera,
¿cómo a mi hermana podía
meterla yo en esas cosas?
Son diligencias perdidas
cuantas hago.

Tadeo   ¿En eso topas?
Busca una hermana fingida,
pues no tienes en tu casa
la verdadera.

Marqués   Averigua;
que del todo eres discreto;
pero ¿qué mujer podría,
con discreción y hermosura

hacer lo que facilitas?

Tadeo   ¿Quién? Ya lo sé; escucha, espera;
               bien tus cosas se encaminan.
               Esta criada briosa,
               que entra, sale, bulle y brinca,
               como las culebras sabia
               y como las ascuas viva.

Marqués   ¿Quién dices?

Tadeo   Esta criada,
               que para esto fue nacida.

Marqués   ¿Es Lucía? Dices bien,
               y para todo entendida.
               ¿Vióla tu amo?

Tadeo   No pudo,
               recién llegado de un día.

Marqués   Pues ¿cómo podrá salir
               de esta casa?

Tadeo   No te impida;
               eso a mi cargo lo deja,
               ya corre por cuenta mía.
               Vete, y espera en tu casa
               a que yo, señor, te sirva
               con industria y lealtad,
               vete luego.

Marqués   De ti fía
               no menos que toda el alma,

quien parte agora sin vida.
Cosas soñadas parecen;
toma, amigo, esta sortija,
que dos mil ducados vale.
¡Oh, amor, tras qué fantasías,
tropezando con mis penas,
voy siguiendo mis desdichas?

Tadeo   Voto al Sol, con bravo enredo
del marqués la justa queja
suspenderé; pero quedo,
que el lobo está en la conseja;
caerá en el lazo, si puedo.

(Sale don Gutierre.)

Gutierre   Cuando miro en mis pasadas
y venideras memorias,
tiernamente imaginadas
tan dulcemente las glorias
poseídas y esperadas,
 aunque dudosa y segura
en mis partes mi opinión,
ni resuelve ni asegura
si las debo a la razón
o las hallo en la ventura.

Tadeo   Señor, ¿de qué tan ufano?

Gutierre   ¿No he de estarlo pues me toca
en un serafín humano
el sí de tan dulce boca,
la fe de tan bella mano?

Tadeo

     En eso dices verdad,
si de que a ti te eligió
tienes ya seguridad.

Gutierre

¿Eso dices?

Tadeo

            ¿Por qué no?

Gutierre

¡Oh, qué gentil necedad!

Tadeo

     Tu primo tiene esperanza
también.

Gutierre

          Con tal diferencia,
atrevido se abalanza,
¡qué agraviada competencia!

(Aparte.)

(Y ¡qué necia confianza!)

Gutierre

     Fuera de tenerme amor,
mi prima con gran ventaja
la merezco.

Tadeo

         Sí, señor.

(Aparte.)

(Quien no corre la baraja,
¡qué mal entiende la flor!)

Gutierre

     ¿Qué dices?

Tadeo

           Que eres dichoso,
pues que piensas que lo eres
en lo galán y en lo hermoso.

Gutierre

Imán soy de las mujeres;
el confesarlo es forzoso.

Tadeo

Pues ¿qué dirás en sabiendo...

Gutierre

¿Qué, Tadeo?

Tadeo

...alegre estás,
que algunas que van saliendo
muy alto, al olor no más,
van picando y van cayendo?
     Fui en cas del Marqués y hablé...

Gutierre

¿Con su hermana? Y yo he caído
en la cuenta.

Tadeo

Presto fue,
y como el gato habrá sido,
porque siempre cae en pie;
     no morirás arrojado,
pues sabes caer tan bien.

Gutierre

Sácame de este cuidado;
¿es muy hermosa?

Tadeo

Es en quien
verás un cielo cifrado.

Gutierre

Y ¿qué te dijo?

Tadeo

Amorosa,
con un donaire encogido,
con una voz tan melosa,
como halagüeña al oído,
y en el alma cosquillosa,
     me dijo, alzando una mano

de nieve —pienso que agora
la miro—: «Escuchad, hermano,
¿del famoso valenciano
no sois criado?». «Sí, señora»,
   respondo. «Notables son
las partes que Dios le ha dado.»
Replico: «Pues con razón
en dos horas han ganado
muchos siglos de opinión
   y en la corte por lo menos».
Y cuanto más en ti hablaba,
los ojos, de aplauso llenos,
me volvía, y me mostraba
más blandos y más serenos.

Gutierre   ¡Notable ventura mía!
               ¿Eso dijo?

Tadeo   Y añadió:
               «Con el alma gustaría
               de ver a tu amo yo.»

Gutierre   Antes que amanezca el día
                  —si no muero— he de ir a vella.

Tadeo   Haz tú visita al marqués,
                  mientras yo a su hermana bella
                  pongo plumas en los pies
                  para salir a tenella.

Gutierre   Luego al momento ha de ser.

Tadeo (Aparte.)   Allá voy. (Poco cuidado
                  y jabón fue menester.)

Gutierre   Galán seré celebrado
                     de tan hermosa mujer.

(Vase Tadeo y sale doña Mencía.)

Mencía   Hermano, ¿tan divertido?
                     Culparte puedo de ingrato,
                     pues siendo tan recién venido,
                     ni aún hablarte solo un rato
                     ni has gustado ni he podido.

Gutierre   ¡Oh, hermana!

Mencía (Aparte.)   (Quiero alaballe;
                     que así para mi intención
                     me importará granjealle.)

Gutierre   Mis disculpas grandes son.

Mencía   ¡Qué gentileza! ¡Qué talle!
                        En dos años que ha que juntos
                     no estamos, pienso que ha sido
                     el mejorarse por puntos;
                     y así en mi prima he tenido
                     de su estimación barruntos;
                        y pues tan en ello está,
                     no sé el cómo nuestro primo
                     contigo competirá.

Gutierre   Yo lo agradezco y lo estimo;
                     pero, hermana, bueno está;
                        voyme, que si el alma das
                     con los ojos ocasiones,

tú con más culpa errarás,
si en el peligro te pones
que se han puesto los demás.

Mencía (Aparte.)   (Notable el capricho es
con que se estima y se agrada.)

Gutierre (Aparte.)   (De la hermana del marqués
la hermosura imaginada
me llena el alma en los pies.)

(Vase don Gutierre. Sale don Gonzalo.)

Gonzalo   ¿Fuese ya?

Mencía   Sí.

Gonzalo   ¡Prima amada!

Mencía   ¡Primo, primo de mi vida!

Gonzalo   ¡Qué hora tan esperada!

Mencía   ¡Qué pena tan bien perdida!

Gonzalo   ¡Qué gloria tan bien lograda,
  si es que engaña el deseo!
¡Que la miro, que la toco,
que la alcanzo!

Mencía   Yo la veo
con el sentido tan loco,
que la gozo y no la creo,
  aunque el verla con recelos

la acredita.

Gonzalo   ¿En qué razones
se fundan, mi bien?

Mencía   ¡Ay, cielos!
Tan precisas ocasiones
me causan mortales celos.

Gonzalo   Y ¿quién, señora, os los dio?

Mencía   La razón los justifica
con mi prima, que nació,
si no más vuestra, más rica
y más dichosa que yo.
    Veo también a mi tío
con causa más inclinado
a vos que al hermano mío,
porque pasa, confiado,
la soberbia a desvarío;
    y aunque prevengo estos daños
animosa, porque hallé
entre los dos sin engaños
un amor de tanta fe,
y una fe de tantos años,
    con todo, vengo a quedar
temerosa de perder
lo que merecí ganar.
¡Ay, mi gloria, que el temer
es muy propio del amar!

Gonzalo   Supuesto que la belleza
vuestra competir podía,
mi bien, con mayor riqueza,

y en un alma vuestra y mía
es un monte la firmeza,
   agravio fue semejante
en vos el haber dudado;
que con valor inconstante
pareciera interesado,
aunque nunca fuera amante.
   Pues advertirlo mejor,
y pensad que aunque no fuese
en mí tan vuestro el valor,
por no mostrar interese,
fingiera el tener amor.
   Tened mayor confianza
de mi dicha, que es inmensa,
o creed que mi esperanza
que ha de pasar esta ofensa
de sentimiento a venganza.
   Pero si dudas ponéis
en mi fe tal engaño,
llegad a verme, y veréis
—si es que en mis ojos os veis—
en mi alma el desengaño.

Mencía

   Como sin veros he estado,
casi muerta en vuestro olvido
mi esperanza, mi cuidado
está agora prevenido,
de entonces escarmentado;
   y aunque presente os volví
a mi amor, recela el pecho
la desdicha en que me vi;
efeto propio, que en mí
tan grande escarmiento ha hecho.

Gonzalo   Si con ausentes desvelos
               recelaste mis mudanzas,
               dando quejas a los cielos,
               culpando en mis esperanzas
               descuidos de mis consuelos;
                  pues pasó vuestro disgusto,
               ya de mi amor satisfecho,
               el temer, prima, no es justo,
               tan a costa de mi gusto,
               que huya de mi provecho.

Mencía   Señor, si estuve perdida
               entre ausencias y rigores,
               olvidada y ofendida,
               tan cerca de mis temores
               y tan lejos de mi vida,
                  cuando así a tenerla vengo,
               que aún recelo que me engaño,
               disculpa bastante tengo,
               pues mi remedio prevengo
               con el miedo de mi daño.
                  Yo me voy, señor, que es tarde,
               y vendrá luego mi tío.

Gonzalo   ¿Como estás?

Mencía   Ya no cobarde.

Gonzalo   ¡Gloria mía!

Mencía   ¡Señor mío!

Gonzalo   Mi alma os goce.

Mencía   Mi fe os guarde.

(Vanse y sale el Marqués.)

Marqués   Confuso y desesperado
por lo que mi suerte ordena,
tengo de hielo la pena,
con ser de fuego el cuidado,
.... [-oso]
viendo en mi dolor mortal
que, sin duda, el mayor
mal es tener el bien dudoso.

(Sale Tadeo.)

Tadeo   Acá estamos ya.

Marqués   ¡Tadeo!
.... [-ido]

Tadeo   Todo hasta aquí lo he medido
con el compás del deseo.
Ya está en su puesto Lucía.
Y bien vestida y tocada,
en tu hermana transformada.

Marqués   Y ¿parece hermana mía?

Tadeo   Del Papa lo puede ser,
pues de suyo lo asegura,
y tresdobla la hermosura
el adorno en la mujer.

Marqués   ¿Cómo tan presto has podido

venir?

Tadeo
    Valióme la mano
de aquel ángel soberano
con quien anduve atrevido.
 Comuniquéle mi enredo;
al principio se espantó,
pero luego me creyó,
y de su mano, en un credo,
 aunque incierta en el cuidado
de lo que hemos emprendido,
con un bizarro vestido
y bien compuesto un tocado,
 trenzado el cabello y rizo,
sobre nieve y arrebol
hizo de Lucía un Sol
que puede servir de hechizo;
 y entrando, aunque claro el día,
en un coche cautamente,
a tu casa diligente
pude traerte a Lucía,
 y entre tus dueñas de honor
está, a quien tú previniste
de nuestro engaño.

Marqués
        ¿Y viniste
los dos solos?

Tadeo
      Sí, señor.

Marqués
  ¿Y Tadeo?

Tadeo
     He procedido
limpiamente, te prometo.

Marqués   Di verdad.

Tadeo   Tuve respeto
al tocado y al vestido.

(Sale un Paje.)

Paje   Don Gutierre, un caballero
que hoy viste...

Tadeo   A buen tiempo viene.

Paje   ...pide licencia.

Marqués   Y la tiene.
Di, volando, que le espero.
   ¿Cómo agora dispondré
tu quimera?

Tadeo   Con dejarlla
a mi cargo; espera y calla,
pues voy a servirte.

Marqués   Ve.

(Vase Tadeo. Sale don Gutierre.)

Gutierre   Deme las manos.

Marqués   Señor,
presto las visitas paga
vuesa merced.

Gutierre   Es la paga
tanto a la deuda inferior...

Marqués   Sillas, hola.

Gutierre   ...que supuesto
que es tan corto mi caudal,
y es cierto el pagarla mal,
es bien que la pague presto.
   Reciba vueseñoría
solo el deseo; señor.

Marqués   Yo vengo a quedar deudor.
Desempeñarme querría;
   mas esto agora dejemos
para cuando más importe.
¿No es bello lugar la corte
para amorosos extremos?

Gutierre   Como tan recién venido
mal pude juzgarlos yo,
mas su grandeza llegó,
si no a la vista, al oído.
   Y así, que es lugar sospecho
donde muchas causas dan
para que pueda un galán
abrir animoso el pecho.

Marqués   De hermosura y discreción
son sin número las damas,
y las lenguas de sus famas,
¿no os han dicho cuáles son?

Gutierre   Mi señora doña Inés,

por discreta y por hermosa,
es en la corte famosa
más que todas.

Marqués   Sí lo es,
            o es dicha que en tal se vea;
porque si dan en tener
por hermosa una mujer,
lo será aunque no lo sea.

Gutierre   Mi hermana y prima me han dado,
para que dicho fuese,
un recado que la diese
de su parte.

Marqués   Habránla honrado.

Gutierre   Si es que tú gustas, señor,
que yo, aunque indigno de vella,
se lo dé...

Marqués   Tendrálo ella
por muy notable favor. ¡Hola!

(Sale un Paje y habla al oído con el Marqués.)

Paje   ¡Señor, [aquí está!]

(Salen Tadeo y Lucía, de dama. Los dos hablan aparte.)

Lucía   ¿Estoy bien?

Tadeo   ¡[Y] brava, por vida mía!

Lucía   ¿Mereceré Señoría?

Tadeo   Y Paternidad también.

Lucía   ¿sabes si he de poder
                         disimular y fingir
                         sin turbarme y sin reír?

Tadeo   Sería echarlo a perder.
                            Buen ánimo; que ya es hora.

Lucía   Santíguome.

Tadeo   A Bercebú
                         te encomienda; ve.

Lucía   ¡Ay, Jesú!
                         ¿Quién es?

Marqués   Hermana, señora,
                            llegad.

Lucía   Creyendo, señor,
                         ver solo a vueseñoría,
                         no tan compuesta venía,
                         que no pudiera mejor.

Marqués   A bien tiempo habéis llegado
                         donde esta silla ocupéis;
                         y así, no os excusaréis
                         el llegar a vuestro estrado.

Gutierre   Donde licencia tenía
                         para besaros las manos.

Lucía

¿Es de los dos valencianos
el uno?

Marqués

Sí, hermana mía;
y ¿en qué lo habéis conocido?

Lucía

Viéndole tan gentil hombre,
el crédito de su nombre
di por la vista al oído.

Tadeo (Aparte.)

(¡Oh, hi de puta taimada!
con esto remata el seso
de mi amo!)

Gutierre

¿Cómo a eso
podrá mi lengua turbada
responder, sino callando?

(Aparte todos.)

¡Qué soberanos despojos!

Lucía

Ya le mato con los ojos.

Tadeo

Ya va cayendo y picando.

Marqués

Ya se tiene por dichoso.

Lucía

Ya elevado se traspasa.

Gutierre

Ya dulcemente me abrasa
este serafín hermoso;
todo el bien me viene junto.
Ya se rinde.

(Sale el Paje.)

Paje   Aquel hidalgo...

Marqués   Con vuestra licencia salgo,
                        para volver en un punto.

Gutierre   Acompañaréos.

Marqués   Dejad
                        de hacer tal, por vida mía.

(Tadeo y Lucía hablan aparte.)

Lucía   ¿Y agora?

Tadeo   Agora, Lucía,
                        veremos tu habilidad;
                        hazle favores mirlados.

Lucía   Y ¿dónde están las razones?

Tadeo   Porque es todo afectaciones
                        en los necios confiados.

(Don Gutierre ha acompañado al Marqués hasta la puerta, que se fue con su
paje, y vuelve a sentarse en la silla.)

Gutierre   ¡Qué dulce mirar! ¡Qué bella!

(A Lucía.)

Tadeo   Mira más recio.

(A Tadeo.)

Lucía   Sí haré.

Gutierre (Aparte.)   (¿Por dónde comenzaré
                      a declararme con ella?)

Lucía   Parece que habéis quedado
                      suspenso.

Gutierre   Estoy divertido,
                      a la dicha agradecido,
                      y con la fama enojado.
                          Con la fama, pues tomó
                      con vuestros luceros claros
                      tanta luz para pintaros,
                      y ciegamente os pintó,
                          pudiendo hacerse inmortal,
                      pues le dio en vuestra belleza
                      la sabia naturaleza
                      tan divino original;
                          y así, en vuestro agravio infiel,
                      mil maldiciones le ofrezco,
                      y a la dicha le agradezco
                      el darme mano y pincel
                          en la ocasión y en la palma,
                      de veros y contemplaros,
                      para poder trasladaros
                      con los ojos en el alma.

Tadeo (Aparte.)   (Ea, Lucía, ¡Santiago,
                      cierra España!)

Lucía   Aunque es antojo,

os agradezco ese enojo,
y esotra lisonja os pago,
	aunque al oírme os asombre,
al verme tan atrevida,
con deciros que en mi vida
vi galán tan gentil hombre,
	y que a la fama perdono
lo que juzgáis que en mí hizo
pues mi agravio satisfizo
lo que dijo en vuestro abono;
	porque, si no os alabara,
el veros no apeteciera,
ni a Tadeo ocasión diera
de que en mi nombre os llamara.

Tadeo (Aparte.)		(Como quien baja rodando,
presto acabó de bajar.)

Gutierre		¡Quién pudiera imaginar
lo que os estoy escuchando!
	¿Quién vio tan dichoso día?
¿Y a quién dio naturaleza,
como la vuestra, belleza,
ni dicha como la mía?
	Y pues que mi gloria es
tal que por vuestro me toca,
después de besar mi boca
lo que pisan vuestros pies,
	dadme, señora, la mano;
que como Reina os la pido.

Lucía		Primero estad advertido
que este favor tan temprano
	no ha sido en mí liviandad;

pero vuestro casamiento,
hallando mi pensamiento
ya firme en mi voluntad,
    dio a mi esperanza este brío,
y entre dudosa y cobarde
de que no llegara tarde
a vuestro cuidado el mío,
    ligera de apasionada,
quise declararme luego.

Tadeo (Aparte.)   (Bravamente cerró el pliego;
es discreta y es taimada.)

Gutierre   Muriera desesperado
si tarde hubiera venido
tal merced. Milagro ha sido
porque me hallara casado
    si tan presto no llegara,
que en tu hermosura la viera,
y tan bien no sucediera,
que tu hermano nos dejara.

Lucía   Eso algún misterio tiene.

Tadeo (Aparte.)   (¡Y grande!)

Gutierre   ¿Cómo, señora?

Tadeo (Aparte.)   (Ella le despeña agora.)

Lucía   Así al marqués le conviene.

Gutierre   Pues, ¿qué pretende el marqués?

Lucía   Ser esposo de tu hermana;
                         y así, los pasos allana.

Tadeo (Aparte.)   (Ya como si fueran pies
                            le resbalan las razones.)

Lucía (Aparte.)   (Por desvanecerle más
                         lo dije.)

Gutierre   En un bien me das
                         tan grandes obligaciones,
                            cielo divino, que al verlas,
                         como me miro al gozarlas
                         sin caudal para pagarlas,
                         vengo a sentir el deberlas.
                            Pero, ¿qué digo, si en ti
                         merezco tales despojos,
                         que cuanto alcanzan tus ojos
                         son tesoros para mí?
                            Pues la tierra agradecida,
                         porque pague estos favores,
                         me consuela con sus flores,
                         con sus frutos me convida.
                            Danle en el cielo, a quien das
                         segunda causa a mis bienes,
                         a mi estrella parabienes,
                         envidiosas las demás,
                            el Sol.

Tadeo   Quedo, el Marqués para.

Gutierre   Quisiera,...

Tadeo (Aparte.)   (Tomado había

corriente de más de un día,
si el Marqués no la cortara.)

(Sale el Marqués.)

Marqués   Perdonad el detenerme.

Gutierre   Un minuto ha parecido.

Marqués   Ocasiones he tenido
de tardarme y de perderme.
    De vuestro tío un criado
con mucha prisa, os espera;
venid, vamos.

Gutierre   ¿Salís fuera?

Marqués   . Apriétame otro cuidado;
    quizá os querrá vuestro tío
alguna importante cosa.

(Vase el Marqués.)

Lucía   ¿He de quedar recelosa?

Gutierre   Dueño sois de mi albedrío.

Lucía   A aquellas señoras mías
beso mil veces las manos.

Gutierre   ¡Ay, mis ojos soberanos!

(Vase don Gutierre.)

Lucía   ¡Ay, luz de mis alegrías!

Tadeo   ¡Ay, majadero frisado,
          por los aires persuadido!

Lucía   Lindamente he procedido.
          .... [-ado]
          .... [-asas];
          que es un demonio aquel viejo.

Tadeo   Quítate agora el pellejo,
          y veremos lo que pasas
             después en coche y desnuda
          de esas ropas respetadas,
          y las cortinas cerradas.

Lucía   Para no ponerlo en duda,
             pondré un manto de dos suelas
          en mi cabeza, y después
          seré un viento, si en los pies
          acomodo unas chinelas,
             pues, ¿qué pensaba?

Tadeo   ¡Oh, traidora!

Lucía   Mamóla; ¡qué poco sabe!

Tadeo   A lo menos a lo grave
          me harás un favor agora,
             como si fueras hermana
          del Marqués, y señoría
          te diré.

Lucía   Por cortesía

harélo de buena gana.

Tadeo   Vueseñoría una mano
me dé, que será una palma.

Lucía   La mano, y también el alma.

Tadeo   Ya la beso.

Lucía   Y yo la allano,
como asegures los pies.

Tadeo   Sabrosa con tantas veras
me supo, como si fueras
propia hermana del Marqués;
    que los gustos persuadidos,
de los ojos engañados
suelen ser imaginados,
lo mismo que sucedidos.

Lucía   Por eso dichosas son
en tu amo las quimeras.

Tadeo   Por eso tantas veras
es Narciso en su opinión.

(Vanse. Sale don Gonzalo.)

Gonzalo   El amor correspondido
es, a ser sin disonancia,
una dulce consonancia,
gloria al alma en el sentido.
    Es un hijo de los cielos,
tanto más casto y mejor

cuanto es villano el amor
entre sospechas y celos;
   y así yo, doña Mencía,
viendo en tan igual belleza
un ejemplo de firmeza,
tengo un siglo de alegría;
   y concorde a mi cuidado
su mérito conocido.
Me da el ser agradecido
más glorias que el ser amado.

(Sale don Gutierre.)

Gutierre
   ¡Pudo darme la Fortuna
más gustos y más contentos
que conformes casamientos,
y ¡qué dichosa fortuna!
   Pues con mi hermana casado
el Marqués, yo con la suya,
es imposible que huya
de uno de los dos su estado.

Gonzalo
   ¿Qué tiene ese hombre, que está
hablando consigo mismo?

Gutierre
¡Notable dicha! Un abismo
de inmensas glorias será.

Gonzalo
   Primo, primo, ¿qué tenéis,
que tan alegre os gozáis?

Gutierre
Llegad, primo, y si escucháis,
todas mis glorias sabréis,
   y aun las vuestras, pues que ya

vuestra, para ser dichosa
pues yo merecí otra esposa,
doña Brianda será.
    Esta hermana del marqués,
esta mujer tan famosa,
es ya mía.

Gonzalo   ¡Extraña cosa!

Gutierre   Y con segundo interés,
    porque yo a doña Mencía
doy al marqués por mujer.

Gonzalo (Aparte.)   (¿Cómo, cómo puede ser?
¿Es posible, siendo mía?)
    Pienso que os habéis burlado.

Gutierre   ¿Burlado? Bueno.

Gonzalo   ¡Ah, traidora!

Gutierre   De su casa vengo agora,
donde quedó concertado;
    queríanse ya los dos.

Gonzalo   ¿El marqués y vuestra hermana?

Gutierre   Sí, y la suya soberana
sabiendo.

Gonzalo (Aparte.)   (¡Válgame Dios!)

Gutierre   Sus buenas partes dispuso
con el marqués, y Mencía

lo que para gloria mía
tan por los aires compuso.

Gonzalo   Pienso que lo habéis soñado
como soléis divertido.

Gutierre   No, por Dios.

Gonzalo (Aparte.)   (Yo soy perdido.)

Gutierre   Pues, ¿de qué os habéis turbado?
      ¿Qué tenéis?

Gonzalo   Dejadme; ciego
(Aparte.)   estoy. (¡Ah, entrañas feroces!
por ir publicando a voces,
pues me abraso, fuego, fuego,
      hasta que alcance a Mencía
el que yo tengo en la boca.)

Gutierre (Aparte.)   (Que le incita, y le provoca,
tendrá de la suerte mía
      envidia, que entre los dos
nunca falta. Éste es mi tío.)

(Sale don Pedro.)

Pedro   ¿Cómo os va, sobrino mío?

Gutierre   Mi tío, ¿como con vos?
      Que no hay más que encarecer.

Pedro   Otra ocasión se os ofrece.

Gutierre   ¿Cómo, señor?

Pedro   Me parece
          que mi Brianda es mujer
             y ha de escoger lo peor;
          a vos os eligiera,
          y no a don Gonzalo.

Gutierre   Ya en ello estoy; mas, señor,
             tengo yo...

Pedro   Decid, no es malo
          el dudar.

Gutierre   ...con otro intento
          muy diverso, el pensamiento.

Pedro   ¿Qué decís?

Gutierre   Que en don Gonzalo,
             porque de este gusto trate,
          que aparece con más brío,
          renuncio el derecho mío.

Pedro   ¡Oh, qué gentil disparate!
             ¿Mi hija tenéis en poco?
          ¿Mi hacienda? ¡Gran desatino!
          Andad. Del todo, sobrino,
          o sois necio o estáis loco.

Gutierre   ¡Señor!

Pedro   Dejadme, callad,
          no repliquéis, que estoy ciego

de enojo; gentil, don Diego,
andad, salíos, caminad.

Gutierre   Verá mi disculpa cuando
sepa las dichas mías.

(Vase don Gutierre. Sale doña Brianda.)

Brianda (Aparte.)   (¡Qué dudosas alegrías
voy perdiendo y esperando!)
   Enojado está, ¡ay de mí!
¿Qué me mandas, señor?

(Aparte.)   (¿Qué haré?)

Pedro   Brianda, yo te llamé
por ver lo que tengo en ti:
   la vejez que quieres darme,
lo que quieres complacerme
lo que huyes de ofenderme
y lo que gustas de honrarme.
   Hasta agora que escogieras
el uno de mis sobrinos
te rogué, y los desatinos,
confianzas y quimeras
   de don Gutierre ofender
tan de veras me han podido,
que el dártele por marido,
aunque quieras, no ha de ser;
   pero en don Gonzalo mira
mil partes que buenas son,
desnuda de pasión
que te ciega y te retira;
   y sé tú misma el juez
de esta causa, si te allanas

por mis venerables canas,
por mi cansada vejez,
   a que logre mi única hija
... con tan buena suerte
.................[erte]
me consuele y no me aflija.

Brianda

   De don Gonzalo sin miedo
siempre estuve, y pues que soy
tan dichosa, que lo estoy
de don Gutierre, bien puedo
   elegirle, y de este modo
a mi padre y a mi gusto
satisfaré, porque es justo
el obedecerte en todo.
   El «sí» te ofrezco, empleado
en don Gonzalo.

Pedro

                  En abono
de lo que haces, te perdono
lo que en hacerlo has dudado.

(Sale don Gonzalo.)

Gonzalo (Aparte.)

   (Buscando voy sin sosiego
la cruel que me condena,
por matarla con mi pena
y abrasarla con mi fuego;
   pero sabrá que he sabido
su mudanza y su traición,
y en el más hondo rincón
de la casa se ha escondido;
   pero aunque muera, conviene
mis penas disimular.)

Pedro

A saber y a celebrar
tal dicha, a buen tiempo viene
    don Gonzalo.

Gonzalo

                            ¡Ay ciego Amor!

Pedro

Llegad; que ya sois dichoso,
ya sois de mi hija esposo.
Ya mi hijo, ya señor
    de mi hacienda y ya escogido
de Brianda.

Gonzalo (Aparte.)

                        (El cielo agora,
de Mencía que es traidora,
que me vengue habrá querido.)

Pedro

                    ¿Con qué monte habéis topado?
¿Qué os entretiene dudoso?

Gonzalo

Tan presto el ser tan dichoso,
¿a quién no hubiera turbado?
    Mas, pues logras mi esperanza,
déjame besar tus pies.

(Aparte.)

(No pudiera el interés
lo que pudo la venganza.)

Brianda (Aparte.)

(¡Ay, triste!)

Pedro

                        De esta alegría
lograra en mi pensamiento,
de este gusto, este contento
quiero que alcance a Mencía.
    Y luego, ¿quién ha de haber

en mi casa para honrarla
sin saberla y celebrarla?
Loco me llena el placer.

(Vase don Pedro.)

Brianda (Aparte.)   (Hecha una brasa de hielo
he quedado, he de morir.)
Primo, ¿qué has hecho?

Gonzalo   Admitir
glorias que están en tu cielo.

Brianda   Advierte que has admitido,
siendo cruel, siendo injusto,
en una mujer sin gusto,
una piedra sin sentido,
   un gusto sin voluntad,
un seso sin elección,
un cuerpo sin corazón
y un alma sin libertad.

Gonzalo   Yo, señora, no sabía
sino que eras, siendo tal,
una mujer principal
y una honesta prima mía,
   con valor y con belleza.
¿Tu elección no me nombró
por tuyo?

Brianda   Sí, pero yo
confié de tu firmeza,
   sabiendo tus pensamientos,
en nuestra prima empleados.

Gonzalo   Es cruel, son sus cuidados
                      más veloces que los vientos.

(Sale doña Mencía.)

Mencía (Aparte.)   (¿Mudable mi don Gonzalo
                      y cruel doña Brianda?
                      No es posible, no lo creo,
                      aunque el dudarlo me mata.
                      Juntos están, ¡ay de mí!,
                      ciertas fueron mis desgracias.)
                      ¡Falso amigo, ingrato amante!
                      ¿No es desdicha, no es infamia,
                      que con minutos las horas
                      averigüen tus mudanzas?
                      ¿Este fruto han producido
                      tus lisonjeras palabras?
                      Y cuando no me las dieras,
                      ¿en nuestro amor no bastara
                      el vernos en tu memoria
                      con iguales esperanzas,
                      nacidos para una cuna,
                      criados en una casa,
                      para apoyar tu firmeza
                      entre obligaciones tantas?
                      Tú, prima, ¿por qué me has muerto?

Brianda   No me culpes, que me matas.

Gonzalo   ¿Con qué corazón te quejas?
                      ¿Con qué vergüenza te agravias?
                      Tú, cruel, de estas desdichas,
                      ¿no fuiste primera causa?

En ti el mudarte fue ofensa,
no en mí el vengarme mudanza.

Mencía   Yo, pues, ¿en qué te ofendí?
                ¿Qué dices?

Gonzalo   ¿No estás casada
                con el Marqués?

Mencía   ¿Quién lo dice?

Gonzalo   Don Gutierre.

Brianda   ¡Hay tal desgracia!

Mencía   El miente. ¿Que tú tal digas?
                Mas buena excusa te hallas
                para disfrazar tus culpas
                y para crecer mis ansias.

(Sale el Marqués.)

Marqués   Ya sin humanos respetos,
                el mongibel que me abrasa
                ha de sacar por la boca
                hecho pedazos el alma.
                ¡Ah, cruel!

Brianda   ¡Oye, por Dios!

Marqués   ¡Fingida, mudable, falsa,
                espejo de mis injurias,
                naufragio de mis borrascas!

Brianda   ¡Escucha!

Marqués   ¿Qué he de escucharte?
¿No rompiste tu palabra,
segundo «sí» de tu boca
no diste? Verá cortadas
sus dos manos quien la tuya
espera.

Gonzalo   A locuras tantas
respondo de esta manera.

(Meten mano.)

Brianda   ¡Oye, espera!

Mencía   ¡Tente, aguarda!

(Tiene doña Mencía al Marqués y doña Brianda a don Gonzalo y sale don
Gutierre.)

Gutierre   ¿Contra el Marqués, don Gonzalo?

Gonzalo   . Sí, que se atreve a esta casa.

Gutierre   Reportaos, primo, por Dios,
que bien puede con mi hermana
estar hablando el Marqués,
porque entre los dos se tratan
cosas para honestos fines.

Gonzalo   Vuestras locuras soñadas
en vos, como sucedidas,
estas desventuras causan.

Gutierre   Sois descompuesto y sois loco.

Marqués   Teneos, pues averiguarlas
                  es mejor en otra parte.

(Sale Tadeo.)

Tadeo   Envainad luego la espada,
                  que viene el señor don Pedro.

Mencía   Confusa estoy.

Brianda   Yo, turbada.

(Sale don Pedro.)

Pedro   ¿Qué es esto? ¿Espadas desnudas,
                  y sin color en las caras?
                  ¿Qué es esto? Marqués, sobrinos,
                  hija, decid. ¿Todos callan?
                  Mil sospechas me enfurecen
                  y mil dudas me acobardan.
                  ¡Por vida de, de..., por vida
                  del Rey, si saco la espada,
                  que de la sangre enemiga
                  aun le quedan rojas manchas,
                  que he de hacer un desatino!

Marqués   Después sabréis lo que pasa;
                  que estáis colérico ahora.

(Vase.)

Gonzalo (Aparte.)   (Verá el Marqués si me espantan
                           señorías.)

(Vase.)

Gutierre (Aparte.)   (De mi primo
                           castigaré la arrogancia.)

(Vase.)

Mencía (Aparte.)   (Penando voy.)

(Vase.)

Brianda (Aparte.)   (Yo, muriendo...)

Tadeo (Aparte.)   (Pues con las cabezas bajas
                           te dejan con reverencias,
                           como una imagen te tratan.)

(Vase.)

Pedro   Pondré remedio en mis cosas
                           con acuerdo y vigilancia;
                           que esta cordura les debo
                           a la plata de estas canas.

                           Fin de la segunda jornada

Jornada tercera

(Salen doña Inés y un Paje.)

Inés   Dile a mi hermano el Marqués
            que yo acabé de llegar
            agora.

Paje   Voyle a buscar.

(Vase el Paje.)

Inés   ¡Qué mala, qué necia es
                 la vida de las aldeas,
            donde, pasados tres días,
            hermosas melancolías
            hacen hermosuras feas!
                 Y así tan solo ha de ser
            para divertir antojos,
            dando apetito a los ojos,
            que aumenten el gusto al ver
                 de esta corte la grandeza,
            de esta heroica majestad,
            adonde la variedad
            compite con la belleza.
                 ¡Qué cansadas soledades!
            ¡Qué gustos tan enfadosos!
            Con razón llaman dichosos
            los que habitan las ciudades.

(Salen un Escudero viejo y don Gutierre.)

Escudero   ¿Dónde vas?

Gutierre   A mi señora
doña Inés.

Escudero   Y ¿es bien tomarse
licencia, llegar y entrarse?

Gutierre   Impórtame hablarla agora
      y tengo licencia suya.

Escudero   Y ¿es con azogue en los pies?
Espera.

Gutierre (Aparte.)   (Porque el marqués
los casamientos concluya,
      la avisaré del estado
en que mis cosas están,
y así mis ojos verán
mi firmeza en mi cuidado.)

Inés   ¿Qué es esto?

Gutierre   ¿Señora mía?

Inés   ¿Quién sois? ¿Con qué atrevimiento
os metéis en mi aposento

Gutierre   Ignorancia fue la mía
      porque entendí hallar en él
quien mejor me recibiera.

Inés   Y ¿quién en mi casa fuera
poco honesta y poco fiel?

Gutierre   Mi señora doña Inés,

que me tiene honesto amor,
me recibiera mejor.

Inés

¿Quién?

Gutierre

La hermana del Marqués.

Inés

Pues ¿a quién estáis hablando?
¿Venís en vos? ¿Estáis ciego?
¿Yo amor a vos?

Gutierre

¿A qué llego?

Inés

¿Loco estáis?

Gutierre

¿Qué estoy mirando?
¿Tiene otra hermana el marqués?
¿Sois vos?

Inés

¿Qué decís?

Gutierre

¡Señora!
¿Sin la que el alma adora?
Mi señora doña Inés
hizo mi suerte dichosa,
hizo un mar de mi alegría,
soy tan suyo y es tan mía,
que trata de ser mi esposa.

Inés

¡Jesús!

Escudero

Señora, ¿qué tenéis?

Inés

La risa tener no puedo;

pero andad, que tengo miedo
de que en furioso no deis.

Gutierre (Aparte.)   (Ya me mira con igual
enmienda de su desdén.)
Volved a mirarme bien,
trataréisme no tan mal.

Inés (Aparte.)   (¡Buen humor!)

Gutierre   Y a mi señora
doña Inés...

Escudero (Aparte.)   (¡Cuento galano!)

Gutierre   ...le diréis que el valenciano
la espera.

Escudero   ¿No os oye agora
mi señora doña Inés?

Gutierre (Aparte.)   (¡De confuso estoy perdido!)

Inés (Aparte.)   (Y parece bien nacido,
supuesto que loco es.)

(Sale el Marqués.)

Marqués   ¿Qué es esto? ¡Suceso extraño!
(Aparte.)   (Mas prevenido, si puedo,
dando lazos al enredo,
daré fuerzas al engaño.)

Gutierre   ¡Oh, señor Marqués! ¿Aquí?

Marqués   ¡Señor mío! ¡Prima mía!

Gutierre   Espero a vueseñoría.

Inés   ¿Prima me llamáis a mí,
                                 hermano? ¡Válgame Dios!

Marqués   ¿Qué dudas? He sospechado
                               que mi prima habrá gustado
                               de entretenerse con vos.
                                 Pero por mi hermana ve,
                               logrará vuestra esperanza,
                               con tu licencia, Costanza.

(Vanse el Escudero y el Paje. Hablan Inés y el Marqués aparte.)

Inés   ¿Qué es esto?

Marqués   Calla.

Inés   Sí, haré.

Marqués   Conocerás entre tanto,
                           prima, al señor don Gutierre.

Gutierre   Para que de mí destierre
                           esa confusión y espanto.

Marqués   Vuestros intentos sabía
                           mi prima, y tuvo trazada
                           esta burla.

Gutierre   Ya pesada

al alma le parecía.

Inés   Y la pasara adelante...
(Aparte.)   (Seguir quiero sus quimeras)
                                   si tú ayudarme quisieras
                                   con estilo semejante.

Gutierre   Cuando tú quisieras verme
                                   de mis engaños gustando,
                                   fuera el tratarme burlando,
                                   de veras favorecerme.

Inés   Estimo tal cortesía.

(Al oído.)

Marqués   (Favorécele diciendo
                                   que es gentil hombre.

Inés   Ya entiendo
                                   lo que él callando decía.)
                                      Lo que yo con veros quiero
                                   es solo haceros saber
                                   que en vos me admiro
                                   de ver un tan gentil caballero.

Gutierre   Esa merced recibí
                                   de muy contento, dudoso.
(Aparte.)   (Muchas veces soy dichoso;
                                   todas se mueren por mí.)

(Salen el Escudero y el Paje.)

Escudero   No está en casa mi señora

106

doña Inés.

Gutierre   Pues ¿dónde está?

Marqués   Otro día lo estará.

Gutierre (Aparte.)   (Sospechoso quedo agora.)

Paje   Don Gonzalo; un caballero...

Gutierre   ¿Es mi primo?

Marqués   Espera un poco.

Paje   ...quiere hablarte.

Marqués   No te alteres.

Gutierre   Quedaron entre nosotros
disgustos no averiguados;
que impedimentos forzosos,
cuando salimos los tres,
el poder hablarnos solos
estorbaron.

Marqués   Es así;
pero no es razón tampoco
que os encontréis en mi casa.

Gutierre   Ya al respeto me acomodo
que la debo.

Marqués   Por aquí
te ve, pues con esto solo

se excusa el inconveniente
de veros.

Gutierre   Y yo le abono,
pues siempre el obedecerte
será en mí lance forzoso.

Inés (Aparte.) (¡Qué satisfecho me mira!)

Gutierre (Aparte.) (Tras mí se la van los ojos.)

(Vase don Gutierre.)

Inés   ¿Qué es esto, hermano?

Marqués   Después
lo sabrás; vete.

Inés   ¿En qué locos
devaneos me has metido?

Marqués Daréte parte de todos;
vete agora.

Inés   Adiós.

Marqués   Adiós.

Inés (Aparte.) (Enredos son amorosos.)

(Vase doña Inés. Sale don Gonzalo.)

Gonzalo Señor marqués, ¿has sabido
quién soy yo?

Marqués   Ya te conozco
por principal caballero.

Gonzalo   Tan honrado como todos
cuantos al ceñir la espada
ponen la boca en el pomo.

Marqués   Yo lo creo.

Gonzalo   Pues agora
sígueme, y podremos solos,
apurando las verdades,
desvanecer los antojos.

Marqués   Que aquí las averigüemos
por más útil reconozco;
porque si al campo salimos
con públicos alborotos,
siendo yo el desafiado,
volvería vergonzoso
no sacando las espadas,
aunque sin causa, en mi abono;
y pesárame infinito,
aunque no por temeroso,
porque honestos pensamientos
amorosamente pongo
en mujer que es sangre tuya.
Lugar es secreto y solo
éste; declárame aquí
lo que te tiene quejoso;
y si conformes verdades
tú preguntas, yo respondo,
no quedando rastro alguno

de obligaciones ni enojos,
podremos quedar los dos,
y si no, en el campo solos,
con la ventura del uno
verán la muerte del otro.

Gonzalo   Dices muy bien; y así, digo
que descompuesto y furioso,
a la casa de mi tío
hoy le perdiste el decoro
y el respeto a una mujer
que es mi prima, y a mí y todo,
diciendo, presente yo,
arrogancias que me corro
de referirlas.

Marqués   Escucha:
¿disparates de un celoso
tienes por culpas, amigo,
teniendo disculpa un loco?
¿A un amante se la niegas,
con celos lebrel rabioso,
tigre fiero, áspid pisado,
león pardo, bravo toro,
monte que levanta ofensas,
mina que revienta enojos,
volcán que fuego vomita,
centro que exhala demonios?
Si en tu prima, que es mi cielo
—cuyos amores adoro—
honrados servicios premio
y honestos favores gozo,
cuando la vi en casa tuya,
¿fue mucho, atrevido y pronto

morder la razón el freno
y dar la rienda al enojo?
Y si tras aquel suceso,
con estilo milagroso,
me envió disculpas suyas,
tan del alma, que las lloro,
en su ofensa arrepentido,
¿será mucho si conformo
tu voluntad con la mía,
y me sujeto y me postro
a ti, por ser primo suyo,
aunque sin razón quejoso,
pudiendo estarlo de ti,
cuya mudanza fue asombro,
pues ya de doña Mencía
siendo prometido esposo,
cuando, en esta confianza,
aquella luz de estos ojos
te señaló para suyo,
suponiendo que piadoso
no la admitieras, y así
dejara a su padre en todo
satisfecho, y no ofendido,
tú, inconstante y engañoso,
lo admitiste acelerado,
dejando a un ángel hermoso
el peso de esta desdicha
en el alma y en los hombros?

Gonzalo   Jamás en mi pecho engaño
hubo, Marqués; oye, pongo
todo el cielo por testigo
verdadero y poderoso.
Yo adoro a doña Mencía,

como las parras al olmo,
como los indios al Sol
y los avaros al oro;
mas díjome don Gutierre,
que de necio pasa a loco,
que tú casabas con ella,
y él con tu hermana, y yo formo
de esto con razón agravios,
y a vengarlos me dispongo,
tomando en doña Brianda
un sí que fuera dichoso
a no haber en cuatro amantes
tan conocidos estorbos.

Marqués   Vio a mi hermana don Gutierre,
que con ojos amorosos
debió mirarle al descuido,
y estos efectos y otros
fundarían en su idea
disparates tan costosos.

Gonzalo   Presto los he conocido.

Marqués   Cuando no, el suceso propio
pudiera desengañarte;
con razón amigos somos.

Gonzalo   Y por tu gusto y por mí,
que a mis pensamientos torno,
de no ofender tus intentos
doy palabra.

Marqués   Y yo la tomo.

Gonzalo   Procurando con mi tío
                 que no me sirva de estorbo
                 la palabra que le di.

Marqués   Comuniquemos el cómo
                 con los nortes que nos guían.

Gonzalo   Vamos presto; que es forzoso
                 correr eso por mi cuenta.

Marqués   Y por la del cielo y todo.
                 ¡Ay, Brianda de mi vida!

Gonzalo   ¡Ay, Mencía de mis ojos!

(Vanse y salen doña Brianda y doña Mencía.)

Mencía   Yo quedo bien satisfecha
                 de lo que estuve quejosa.

Brianda   Y yo muero temerosa,
                 con pesar y con sospecha
                     de lo que habrá sucedido
                 cuando salieron de aquí,
                 porque a todos tres los vi
                 del uno el otro ofendido.

Mencía   Descuido notable fuera
                 ver daño en cualquiera; ¡ay, Dios!,
                 descuido fue de las dos
                 no enviar quien los siguiera.

Brianda   Lucía se puso el manto
                 y fue a decirle al marqués

                    disculpas mías.

Mencía   ¿Y pues?

Brianda   De lo que tarda me espanto.
                       ¡Qué de males, prima mía,
                    causa el loco devaneo
                    de tu hermano!

Mencía   Ya lo veo;
                    pero ¿en qué lo fundaría?

Brianda   En su ciega inclinación
                    de estrella tan peregrina,
                    que lo mismo a que le inclina,
                    da por hecho en su opinión.

Mencía   ¡Qué de pesares nos dan
                    sus confusiones y engaños!

Brianda   ¡Que a costa de nuestro
                    daños en terrible punto están!

Mencía   Pues hasta aquí sus extremos
                    bien se pudieran sufrir;
                    en lo que está por venir
                    los temo.

Brianda   ¡Ay, prima!, ¿qué haremos?

Mencía   Ya tengo determinado
                    de hablar claro con mi tío,
                    y de don Gonzalo y mío
                    contarle el amor pasado,

y dando fuerza al valor,
entre el llanto y las razones,
diré sus obligaciones,
que se atreven a mi honor;
    que siendo tan justo y sabio,
si mis desventuras ve,
¿cómo es posible que dé
libre camino a mi agravio?

Brianda   Yo, aunque pierda el respeto,
no verá humana esperanza,
en mi firmeza mudanza,
ni en su voluntad efeto;
    primero seré arrojada,
tras el rigor de mi estrella,
de esta casa, y cuando en ella
viese la puerta cerrada,
    por las ventanas saldría
volando, que no son malas
de mi corazón las alas
para darle al alma mía;
    y cuando no fuese así,
sus paredes ofendidas,
de mi llanto enternecidas,
derribaré sobre mí.

Mencía   Basta, mi prima; no llores.
Buscaremos otros medios;
que no sirven de remedios
los llantos ni los temores;
    y pues tan conformes son
tu propósito y el mío,
ya para hablar con mi tío
voy a esperar ocasión;

                          y no desconfíes, no,
                          de que ha de ser tu consuelo.

(Vase doña Mencía.)

Brianda   Ve, prima, y détele el cielo,
                          como te lo diera yo.
                             Viendo en mi amorosa llama
                          tan constantes pareceres,
                          ¿quién no alaba las mujeres?
                          ¿Quién las mujeres infama?
                             Con pasión debe entenderlo
                          el que no sabe entender
                          que es un monte una mujer
                          si se determina a serlo.

(Sale Lucía con manto.)

Lucía   Cansada vengo.

Brianda   ¿Qué has hecho,
                          Lucía, que te has tardado?

Lucía   Hablé al marqués, y ha quedado
                          de tu valor satisfecho,
                             y hasta dejarle en su casa
                          no le dejé de los ojos.

Brianda   ¿Hubo ocasiones de enojos?

Lucía   Oye, y sabrás lo que pasa.

(Salen don Gutierre y Tadeo.)

Gutierre   Algo sospechoso quedo,
con venir desengañado.

Tadeo (Aparte.)   (Ésta es Lucía, yo he dado
al través con el enredo.)

(Pónesele la capa delante.)

Gutierre   Quita, ¿qué haces?

Tadeo   ¿Señor?

Lucía   Don Gutierre; ¡ay cielo santo!
¿Qué haremos?

Brianda   Cúbrete el manto.
No te vayas; que es peor.

Gutierre   ¿Por qué la capa me pones
delante? Quita, ¿estás loco?

Tadeo (Aparte.)   (Si me escapo, no haré poco,
de palos o mojicones.)

Gutierre   ¿Señora?

Tadeo (Aparte.)   (Ayúdeme Dios.)

Brianda   Bien hace en hacerlo así,
pues quizá, viéndome a mí,
tiene vergüenza por vos.

Gutierre (Aparte.) (Como se ve despreciada,
está ofendida. Y ¿de qué

la he de tener? No lo sé.)
¡Pero señora embozada,
    esperad!

(Va a descubrirla.)

Brianda   Estáis extraño;
¡qué cortesía tan poca
es la vuestra!

Gutierre   Éste me toca
para cierto desengaño.
    Perdonadme.

Brianda   Estad, por Dios.

Tadeo   ¡Qué mal conocéis su antojo!
Si le miran con un ojo,
hasta descubrir los dos,
    es imposible parar,
o morir en la demanda.

Lucía (Aparte.)   (Pues tan importuno anda
otra vez lo he de engañar.)

(Descúbrese el manto.)

Tadeo (Aparte.)   (¡Perdido soy!)

Gutierre   ¡Cielo Santo!
De confuso pierdo el seso.

Brianda (Aparte.)   (Gustara de tal suceso,
si no me costara tanto.)

Lucía   Con causa estáis suspendido,
pues por la vuestra, señor,
ha llegado a estos extremos
mi honesta reputación,
medrosa y mal informada
de lo que pasaste hoy,
porque desnudos aceros
mudos pregoneros son.
Oyendo que procedía
vuestra indecisa cuestión
por causa de una mujer,
imaginé que era yo,
con razón, por haber visto
el marqués para con vos
en el alma y en mis ojos
tan grande demostración,
y sabiendo que venía
con enojo y con rigor
a mi presencia, temí
su indomable condición;
no por guardar esta vida,
que es vuestra, mas porque no
aventuréis el perderos,
que es la desdicha mayor.
De una criada tomé
este vestido mejor,
para no ser conocida
de la gente que me vio;
volando por esas calles,
hasta llegar donde estoy,
a los pies de vuestra prima,
que es mi propio corazón.
Cuando entraste, esperaba

más soledad y ocasión
de tener menos vergüenza;
pero ya que me obligó
el darme vos tanta prisa,
me descubrí, porque doy,
segura, tan buen lugar
a Tadeo en mi opinión,
que ha de quedar con los tres
el secreto de los dos.
Amparadme, pues que tiene
tanta disculpa mi amor,
en vos tan bien empleado,
como gentil hombre sois.

Gutierre   No podrán, señora mía,
acompañando mi voz,
ni la tierra con sus plantas,
ni con sus rayos el Sol,
ni el cielo con sus estrellas,
aunque el Supremo Hacedor
a todos les diera lenguas,
como les da admiración,
publicar mis alegrías,
y encarecer la razón
por quien, puesto a vuestros pies,
mil veces dichoso soy.
Cuando hallé que en vuestra casa
faltábades, ya me dio
mil pronósticos el alma,
entre regalo y temor.
Mi prima y amiga vuestra,
pues a su cargo tomó
el serviros y ampararos,
podrá hacerlo mientras voy

a dar cuenta de estas glorias
a mi tío; que pues son
tan honradas, que por mí
empleará su valor.

Brianda   Esperad.

Gutierre   Cosas tan grandes
no consienten dilación.

(Vase don Gutierre.)

Tadeo   Loco está. ¡Jesús mil veces!

Brianda   Y confusa quedo yo.

Tadeo   ¿Trazarán muchos demonios
tan temeraria invención?
Vislumbre de rayo ha sido,
que en un punto nos dejó
atónitos y confusos.

Brianda   Dirále cuánto pasó
a mi padre; ¿en qué me pones?

Lucía   Salí de mi obligación
con sacaros de este aprieto;
lo demás hágalo Dios.

Brianda   Probaré si cuerdamente
con nueva imaginación
suspenderé su esperanza.

(Vase doña Brianda.)

Lucía   Locura, dirás mejor.

Tadeo   ¡En grande peligro estamos
               Lucía!

Lucía   Pues di, ¿qué haremos,
               Tadeo?

Tadeo   Pereceremos,
               Lucía, si no picamos;
                 mi amo me ha de moler,
               si nuestros embustes sabe.

Lucía   No dudo yo que me acabe
               mi viejo; mas ¡soy mujer!
                 ¿Adónde iré, siendo tal?

Tadeo   Donde yo vaya también;
               que a fe que te quiero bien.

Lucía   Y yo no te quiero mal;
                 mas, ¿dónde me llevarás?

Tadeo   Donde nos guíe una estrella.

Lucía   Advierte que soy doncella.

Tadeo   Pero en el nombre no más.

Lucía   Bueno es eso; en ocasión
               que convenga a mi entereza
               yo probaré mi limpieza
               con bastante información.

Tadeo	¿Y,¿será para tomar, pasada la pesadumbre, el hábito o la costumbre tan fácil de profesar?
Lucía	¿Eso dices?
Tadeo	Eso digo, porque poco satisface, y una prueba que se hace con solo un falso testigo.
Lucía	Honrada soy.
Tadeo	¿Puede ser aquí dos veces criada?
Lucía	Donde quiera, si es honrada, sabe serlo una mujer.
Tadeo	Luego, ¿podrás serlo mía?
Lucía	Si puedo; y placiendo a Dios, santos seremos los dos que caeremos en un día.

(Sale don Gutierre a la puerta.)

Gutierre	Mientras mi tío ocupado.
Tadeo	Yo soy tuyo.
Lucía	Yo soy tuya.

(Abrázanse Tadeo y Lucía.)

Gutierre   ¿Qué habrá que no me destruya?

Tadeo   Vamos.

(Vanse Tadeo y Lucía.)

Gutierre   ¡Sin alma he quedado!
                       ¿Qué he visto? ¡Ay cielo! ¡Extrañas confusiones!
                     ¿Son cosas sucedidas, o soñadas?
                     ¿Cuerpos vivos? ¿Fantásticas visiones,
                     burlas dudosas, veras apuradas,
                     seguros daños, vanas ilusiones
                     ya en mi locura por mí mal fundadas?
                     ¿Soy yo, yo, en mi ciega fantasía?
                     ¿Son las tinieblas luz? ¿La noche es día?
                       Mas, ¿por qué, deslumbrado y temeroso,
                     lo que vieron mis ojos pongo en duda?
                     No es dudosa la luz del Sol hermoso,
                     ni se oscurece la verdad desnuda.
                     Con gusto tan villano, y vergonzoso;
                     mujer es quien me afrenta y quien se muda.
                     ¡Y yo en tan grande injuria, es lo más cierto
                     que por ser desdichado no estoy muerto!
                       ¿Quién vio en una mujer un apetito
                     tan vilmente a sus ojos empleado?
                     ¿Quién le ha visto soñado? ¿Quién escrito?
                     ¿Y quién pudiera verle imaginado?
                     ¿Hará por mí la fama su delito
                     público al mundo en tiempo limitado,
                     para que no olvide con infausto lloro
                     las dos que amaron el Caballo y Toro?

¡Cielo! ¡En una mujer tan vil despojo!
Cuando prendada de mi amor venía,
¿qué demonio infernal la dio el consejo?
¿Hombre tan bajo en competencia mía?
¿Si me engañó la Luna del espejo?
¿Fue imposible engañarse cada día
tantos espejos vivos? ¿Tantos ojos
que me rindieron almas por despojos?

¿No tuvieron por mí amantes desvelos
viudas, libres, casadas y doncellas?
Cielos, pues que miráis mis desconsuelos,
responded, respondedme a mis querellas.
¿Para mirarme a mí no vistes, cielos,
lucir a mediodía las estrellas,
y darles su lugar el Sol hermoso,
no sé si comedido o vergonzoso?

Pues, ¿cómo una mujer, otra Lucrecia,
al parecer, en casta y bien nacida,
cuando tan bien mis partes mide y precia,
que se arroja tras mí ciega y perdida,
con un lacayo así lasciva y necia,
mi amor ofende y de quien es se olvida?
¿Si todo fue ficción? Mas, cielo santo,
¿cómo es posible que me engañe tanto?

¡Ah falsas! ¡Ah enemigas regaladas!
¡Ah, mujeres! ¿A mí tales enojos,
a quien siempre adoró vuestras pisadas?
¿A este pacto común de vuestros ojos,
todas en una con razón culpadas,
en vez de amantes célicos despojos,
esto le dais por tálamo en sus bodas?
¡Fuego, fuego cruel abrase a todas!

Loco estoy, ciego estuve. ¡Ay cielo mío!
¿En qué vino a parar mi confianza?

¿Y dónde parará mi desvarío
si no doy al agravio mi venganza?
Pues mi propio valor me infunde brío
para la ejecución de esta esperanza,
ivive Dios que han de ver, pues peno y rabio,
primero mi venganza que mi agravio!

(Sale Tadeo, y don Gutierre saca la daga y cierra con él.)

Tadeo   La noche oscura espero solamente
para picar de casa con Lucía.

Gutierre   ¡Infame, vil!

Tadeo   Señor, espera, tente.

Gutierre   ¿Tú a doña Inés, traidor? ¿Tú a cosa mía
te atreves?

Tadeo (Aparte.)   (Él nos vio; que habrá que cuente
para...)

Gutierre   Acaba, ¿no dices?

Tadeo   Sí, diría.
Sí, ¿Qué diré? Mas tu rigor me amaga,
y me vas a la lengua con la daga.
  Sosiégate, oh cautela bien venida,
para volver en mí con pies de plomo
vea la daga yo queda y vestida,
y tú verás en mi verdad, el cómo
me matas sin razón.

Gutierre   Ya te doy vida

por un rato no más.

Tadeo
                    Y yo la tomo,
como prestada de tu hidalgo pecho,
hasta dejarte en todo satisfecho.
    Por aquellos resquicios una dueña
vio a doña Inés cuando conmigo hablaba,
de quien tuvo sospecha no pequeña;
que si la conocía la obligaba.
Hízome con los ojos una seña,
y viéndola que entonces acechaba,
quisimos dar con nuevo fingimiento
el disfraz del vestido al pensamiento.
    Y así, para que oyera, y se engañara,
que era cosa tan mía, que mi esposa
la llamaba, lo hice, y cosa es clara
que una mujer tan principal y hermosa,
aunque fuera mi amante, no tratara
de ser esposa mía; y justa cosa
será que mi verdad de esto se arguya,
y más viniendo muerta a serlo tuya.

Gutierre
    Tienes razón, por Dios; ciego y turbado
me pude persuadir un imposible.

Tadeo (Aparte.)
(¡Con qué facilidad le persuado!)

Gutierre
¡Que aún crédito no diera a lo visible,
si viera la grandeza de su estado!
Perdóname, Tadeo.

Tadeo
                    Eres terrible;
cuando yo por servirte, si me toca,
voy vomitando el alma por la boca.

Gutierre

Vete; que viene mi tío.

Tadeo

No me hables de esto; el por qué
sabrás después.

Gutierre

No podré
ser dueño de mi albedrío.

Tadeo (Aparte.)

(De buena escapé; y si llego
a ver fenecido el día,
procuraré con Lucía
tomar las de Villadiego.)

(Vase Tadeo. Sale don Pedro.)

Pedro

Don Gonzalo me dirá
de todo cuanto pasó
cuál fue la causa, aunque yo
pienso que la alcanzo ya.

Gutierre

Del no haberte obedecido
escucha disculpas mías,
señor, y en mis alegrías
mira un Sol recién nacido.
Ya la hermana del marqués,
esta mujer milagrosa,
es mi esposa.

Pedro

¿Vuestra esposa?

Gutierre

Y luz de mis ojos es.

Pedro

¿Cómo, con tal brevedad?

Gutierre

Dicha fue mía, señor,
y es como rayo el amor,
que abrasa la voluntad;
    apenas recién venido,
tales, por mis dichas, son
mis partes, que mi opinión
pudo llegar a su oído.
    Quiso verme, y sabedor
de esta dicha, vi a su hermano,
que, como gran cortesano,
me hizo tan gran favor,
    que me dio luego lugar
de que la viera y hablara,
dando ocasión en su cara
para morir y matar.
    Quedó prendada de mí,
y obró tanto su cuidado,
que con paso acelerado
vino a buscarme.

Pedro

                    ¿Aquí?

Gutierre

    Aquí, donde espero tu favor,
pues tan poderoso es
contra el poder del marqués,
que en efecto es gran señor.

Pedro

    Sobrino, estáisme contando
cosas, que por Dios, que entiendo
que yo las oigo durmiendo,
o vos las soñáis velando.

Gutierre

    Aunque este bien por extraño

parece incierto, yo soy
tan dichoso, que te doy
a la vista el desengaño.
   Ven, y a doña Inés verás
que mi prima con cuidado,
en su pecho y a su lado
la guarda.

Pedro   No digas más;
               ¿que en efecto no es locura?

Gutierre   No es sino dicha.

Pedro   ¿Eso pasa?
Todo el honor de esta casa
habéis puesto en aventura;
   bien por Dios, buena querella
defendemos.

Gutierre   ¿No lo es?

Pedro   Favoréceos el marqués
en su casa, y vos en ella,
   con amistad más traidora,
que os ciega vuestra pasión,
le habéis pagado; así son
las amistades de agora,
   entrar amigablemente
en casa el mayor amigo
con entrañas de enemigo,
o el más cercano pariente,
   y luego en ella poner
los ojos con fe liviana,
cuando menos en la hermana,

en la hija o la mujer.
   Y el que sale satisfecho
de su amoroso interés,
publicándolo después,
se precia de haberlo hecho,
   y con necia bizarría,
hace, y con vil corazón
de la villana traición
pomposa caballería,
   sin mirar que la vileza
deslustra la calidad,
porque la fidelidad
es el Sol de la nobleza.

Gutierre   Señor, si las intenciones
tratos maridables son,
si es engaño, no es traición.

Pedro   Los engaños son traiciones;
   fíase el otro de vos,
y el casaros sin su gusto
con su hermana, ¿será justo,
siendo engaño? Bien, por Dios;
   hacer falsas amistades,
¿es cosa de caballeros?
Bien lucirán los aceros,
si oscurecen las verdades.
   ¿Por ventura el engañar
un caballero vilmente
es cosa perteneciente
al oficio militar?
   ¿A qué famosa jornada
sirviendo a su rey se aplica?
¡Qué diestro trazar de pica!

                    ¡Qué bravo blandir de espada!

Gutierre   ¡Señor!

Pedro   Callad, y tened
vergüenza de un pensamiento
tan bajo, y en mi aposento
os retirad, y esconded
   mientras yo pensando estoy
contra este daño algún modo
de proceder.

Gutierre   Si no en todo,
en parte corrido estoy.

(Vase don Gutierre.)

Pedro   ¡Oh edad dichosa, en quien de la esperanza
jamás se vio a la fe opuesta la duda,
porque era entonces la verdad desnuda
espejo de la humana confianza!
   ¡Ni cuándo en la amistad hubo mudanza,
dejó la competencia puesta en duda,
ni tuvo el tiempo la paciencia muda,
mientras clamó el agravio a la venganza!
   Ya agora el más república y más grave
de lisonjas y engaños se previene,
para pagar las honras que recibe;
   habla de ciencias el que no las sabe,
blasona de valor quien no le tiene,
y honras sustenta quien de afrentas vive.

(Sale doña Mencía.)

Mencía   A tus pies vengo afligida,
tío, señor, aunque padre,
pues en las obras lo eres,
es más justo que te llame.
Impídeme la vergüenza.
¿Si nos oyen? A esta parte
escucha mis desventuras,
perdona mis libertades.
Don Gonzalo y yo, señor,
como en casa de su madre
nos criamos igualmente,
y en tal iguales edades,
fueron tan unos los gustos,
siendo tan una la sangre.
Tiernamente nos quisimos
con entrañas semejantes,
y crecieron con los años
obligaciones tan grandes,
que pasaron nuestro amor
a extremos tan importantes,
que pueden, señor, agora
suspenderme y obligarme
a que afligida los sienta,
y vergonzosa los calle.
Dióme palabra de esposo,
y niégamela, por darte
gusto a ti, que le has mandado
que con tu hija se case.
Señor, si es tu sangre mía,
mira mejor lo que haces,
pues también mi honor es tuyo,
y en tu nombre perderáse,
si yo quedase perdida.
Mi justicia Dios lo sabe,

| | y a don Gonzalo, que viene,
le pregunta estas verdades. |

Pedro

¿Quién vio tales confusiones?
Pienso que serán bastantes
para acabarme una vida
ya tan cerca de acabarse.
Oíd, sobrino.

(Sale don Gonzalo.)

Gonzalo

Señor.

Pedro

¿Miráis entre los cristales
de estas lágrimas que veis
alguna cosa importante
a nuestro honor? Hablad claro
pues ellas tan claras salen.

Gonzalo

Ni yo desmentiros puedo,
ni es justo, señor, negarte
lo que le debo a mi prima;
mil créditos puedes darle.

Pedro

Y el no decírmelo a mí,
¿no habrá sido disparate?
¿Para qué le hiciera yo
deslumbrando de ignorante?

(Sale el Marqués.)

Marqués

Solo, señor, con un hombre
de tu experiencia y tus partes
pudieran usar las mías

de llaneza semejante,
y a tu valor y a tus pies
atreverme, y humillarme,
dando el alma a los deseos
y la boca a las verdades.
Óyeme piadosamente,
sin ofenderte y turbarte;
que los yerros amorosos,
si no afrentan, aunque maten,
quien los siente los perdona,
pues los dora quien los hace.
Yo, señor, desde aquel día
tan dichosamente amable,
pues que pudo hacerle cielo
en esta tierra aquel Ángel,
hija tuya y dueño mío,
y honor de las tres edades,
ha que adoro su hermosura,
a la del Sol semejante.
Vila, vióme, y fue de suerte,
que pienso que en un instante
a recibirse en los ojos
salieron las voluntades.
Creció nuestro amor por puntos,
¡mira en dos años cabales,
y en dos tiernos corazones,
si habrá llegado a ser grande!
Y considera después,
más advertido, y más padre,
si es cosa, señor, que pueda
compadecerse y llevarse;
que tu hija, siendo mía,
ponga el gusto en otro amante,
en otra mano la palma,

y la dicha en otra parte.
A mí me le da, señor,
pues podré a tus nietos darles,
para crecer, tu valor,
lustre antigua y limpia sangre;
y mi hacienda y mis estados
ya es conocida, ya saben
su estimación y grandeza
del mundo en las cuatro partes.
Y si en los inconvenientes
que en otra ocasión topaste
reparas agora, yo
te ofrezco, porque se allanen,
de que en mi segundo hijo
será mayorazgo aparte,
el de tu estado y tu hacienda,
por quien podrá tu linaje
en tu nombre y en tu tierra
preferirse y dilatarse.
Y si Dios fuere servido
en doña Brianda darme
un hijo no más, que solo
nuestras casas heredase.
Ese pondrá tu apellido,
aunque es la mía más grande,
señor, en primer lugar.
Y si te fuese importante
que yo mude el nombre mío,
blasones y calidades,
el gusto, el alma, y el ser
por servirte y contentarte,
si es posible, lo haré yo;
pero en cambio de esto, dame
a tu hija, que es mi gloria,

o entre mis penas mortales
me verás muerto a tus pies,
que por ello he de besarte.

Pedro   Señor marqués, ya es correrme
tal género de obligarme.

(Aparte.)   (En punto están estas cosas,
que me obligan a que allane
por este camino solo
las demás dificultades.)
Señor, no estoy tan caduco,
que no entienda que es honrarme
el emparentar conmigo
personas tan principales;
si lo excusé, ya la causa
sabréis, mas agora haráse
pues esos inconvenientes
gustáis los dos que se allanen.
Pero, con vuestra licencia,
quiero suplicaros antes,
perdonéis a don Gutierre
un atrevido dislate,
pues los yerros amorosos
ya vos los calificastes
por tan dignos de perdón.

Marqués   Para todo seréis parte,
pues yo soy del todo vuestro.

Pedro   ¿Sobrino?

(Sale don Gutierre.)

Gutierre   ¿Señor?

Pedro   Besadle
la mano al marqués.

Gutierre   La boca
pondré a sus pies.

Marqués   Abrazadme.
(Aparte.)   (¿Qué puede haber sucedido?)

Gonzalo   ¿Qué es aquello?

Mencía   Ellos lo saben.

Pedro   Y vos decidle a Brianda
que salga, y consigo saque
mi señora doña Inés.

Gutierre   Donde su nieve me abrase.

Gonzalo   Ya mi prima viene allí.

(Sale doña Brianda y uno de los criados que salieron al principio con don
Pedro, que traen a Tadeo y Lucía, vestidos de camino ridículamente.)

Criado   Con estos dos que escaparse
quisieron con tanto miedo,
que a traerlos me obligase.

Lucía   Perdidos somos, Tadeo,
alegraremos las calles.

Tadeo   Ya me parece que escucho:
«Quien tal hace, que tal pague.»

Gutierre
No hay que recelar, señora;
llegad, llegad, que ya sabe
vuestro hermano que sois mía.

Pedro
Sobrino, ¿es burla, es donaire
de los vuestros?

Gutierre
                              No, señor.
Mi señora,

Pedro
                    Andad, dejadme;
ridículas son, por Dios,
vuestras cosas, ¡qué os engañen
de esa suerte! ¿No sabéis
que ésa que tenéis delante
es Lucigüela...

Lucía
                         ¡Ay de mí!

Pedro
...mi criada?

Gutierre (Aparte.)
                       (¡Duro trance!
Rabiando estoy, de corrido;
mas, para después vengarme,
disimular quiero agora.)

Tadeo (Aparte.)
(Él me mira; mataráme.)

Marqués (Aparte.)
(Apenas tengo la risa.)

Brianda (Aparte.)
(Enojado está mi padre.)

Mencía (Aparte.)
(Sentirá los desvaríos

de mi hermano.)

Gonzalo   Dan pesares.

Marqués   La que allí viene es mi hermana,
a quien, para que llegase
a tiempo, previne yo.

(Sale doña Inés y toda la compañía.)

Pedro   Como ser bien, no llega tarde.

Brianda   Seas mil veces bien venida.

Inés   Mis señoras, perdonadme
el no hacer esto agora.

Tadeo   Lucía, ¿si se olvidasen
de nosotros?

Lucía   Plegue a Dios.

Inés (Aparte.)   (Ya se dispone a mirarme.)

Gutierre (Aparte.)   (Pues me mira, cosa es cierta
será de mí enamorarse,
y comenzarán las veras
porque las burlas se acaben.)

Pedro   Marqués, porque estos sucesos
en dichosos fines paren,
don Gonzalo con su prima
a su tiempo casaráse.

Gonzalo   ¿Vendrá la dispensación?

Mencía   No menos que por los aires.

Pedro   Y vos honrad esta casa;
                 a doña Brianda dadle
                 la mano y la fe de esposo.

Marqués   Suma gloria.

Brianda   Dicha grande.

Lucía   Y tú y yo, ¿no nos casamos?

Tadeo   Ya lo estamos; toca, baste.

Pedro   Don Gutierre, pues tan ciego,
                 tan desvanecido y fácil,
                 de sí mismo se enamora,
                 con su parecer se case.

Gutierre   No seré menos dichoso
                 por ello y con no casarme.
                 Del Narciso en su opinión
                 aquí la comedia acabe.

                 Fin de la comedia

Libros a la carta

A la carta es un servicio especializado para

empresas,

librerías,

bibliotecas,

editoriales

y centros de enseñanza;

y permite confeccionar libros que, por su formato y concepción, sirven a los propósitos más específicos de estas instituciones.

Las empresas nos encargan ediciones personalizadas para marketing editorial o para regalos institucionales. Y los interesados solicitan, a título personal, ediciones antiguas, o no disponibles en el mercado; y las acompañan con notas y comentarios críticos.

Las ediciones tienen como apoyo un libro de estilo con todo tipo de referencias sobre los criterios de tratamiento tipográfico aplicados a nuestros libros que puede ser consultado en Linkgua-ediciones.com.

Linkgua edita por encargo diferentes versiones de una misma obra con distintos tratamientos ortotipográficos (actualizaciones de carácter divulgativo de un clásico, o versiones estrictamente fieles a la edición original de referencia). Este servicio de ediciones a la carta le permitirá, si usted se dedica a la enseñanza, tener una forma de hacer pública su interpretación de un texto y, sobre una versión digitalizada «base», usted podrá introducir interpretaciones del texto fuente. Es un tópico que los profesores denuncien en clase los desmanes de una edición, o vayan comentando errores de interpretación de un texto y esta es una solución útil a esa necesidad del mundo académico.

Asimismo publicamos de manera sistemática, en un mismo catálogo, tesis doctorales y actas de congresos académicos, que son distribuidas a través de nuestra Web.

El servicio de «libros a la carta» funciona de dos formas.

1. Tenemos un fondo de libros digitalizados que usted puede personalizar en tiradas de al menos cinco ejemplares. Estas personalizaciones pueden ser de todo tipo: añadir notas de clase para uso de un grupo de estudiantes, introducir logos corporativos para uso con fines de marketing empresarial, etc. etc.

2. Buscamos libros descatalogados de otras editoriales y los reeditamos en tiradas cortas a petición de un cliente.